essentials

Essentials liefern aktuelles Wissen in konzentrierter Form. Die Essenz dessen, worauf es als „State-of-the-Art" in der gegenwärtigen Fachdiskussion oder in der Praxis ankommt, komplett mit Zusammenfassung und aktuellen Literaturhinweisen. Essentials informieren schnell, unkompliziert und verständlich

- als Einführung in ein aktuelles Thema aus Ihrem Fachgebiet
- als Einstieg in ein für Sie noch unbekanntes Themenfeld
- als Einblick, um zum Thema mitreden zu können.

Die Bücher in elektronischer und gedruckter Form bringen das Expertenwissen von Springer-Fachautoren kompakt zur Darstellung. Sie sind besonders für die Nutzung als eBook auf Tablet-PCs, eBook-Readern und Smartphones geeignet.

Essentials: Wissensbausteine aus Wirtschaft und Gesellschaft, Medizin, Psychologie und Gesundheitsberufen, Technik und Naturwissenschaften. Von renommierten Autoren der Verlagsmarken Springer Gabler, Springer VS, Springer Medizin, Springer Spektrum, Springer Vieweg und Springer Psychologie.

Susanne Kleinhenz

Die dunkle Seite der Macht: Eine Typologie von Führung

Susanne Kleinhenz
Berlin
Deutschland

ISSN 2197-6708   ISSN 2197-6716 (electronic)
essentials
ISBN 978-3-658-12318-5   ISBN 978-3-658-12319-2 (eBook)
DOI 10.1007/978-3-658-12319-2

Die Deutsche Nationalbibliothek verzeichnet diese Publikation in der Deutschen Nationalbiblio-
grafie; detaillierte bibliografische Daten sind im Internet über http://dnb.d-nb.de abrufbar.

Springer
© Springer Fachmedien Wiesbaden 2016

Gedruckt auf säurefreiem und chlorfrei gebleichtem Papier

Springer Fachmedien Wiesbaden ist Teil der Fachverlagsgruppe Springer Science+Business Media
(www.springer.com)

Was Sie in diesem Essential finden können

- Eine kurze Einführung in die Idee des Dialogischen Managements
- Einen Überblick über den Zusammenhang von Persönlichkeit und Führung
- Eine Erklärung der verschiedenen Persönlichkeitsstrukturen, wie charismatische, narzisstische, dissoziale, paranoide, schizoide, depressive, dramatisierende und zwanghafte Persönlichkeitsstrukturen und ihre Fähigkeit zu einem Dialogischem Management
- Erkennungsmerkmale der verschiedenen Extrempersönlichkeiten
- Tipps zum Umgang mit Extrempersönlichkeiten

Inhaltsverzeichnis

1 Einleitung 1

2 Der Dialog in Führung und Management 3

3 Führung und Persönlichkeit 5

4 Einfluss der Persönlichkeit auf die
Führungsfähigkeit eines Chefs 7
  4.1 Charismatische Persönlichkeiten 11
  4.2 Narzisstische Persönlichkeiten 15
  4.3 Psychopathische Persönlichkeiten 20
  4.4 Paranoide Persönlichkeiten 23
  4.5 Schizoide Persönlichkeiten 25
  4.6 Depressive, ängstlich-vermeidende und
     abhängige Persönlichkeiten 29
  4.7 Dramatisierende Persönlichkeiten 31
  4.8 Zwanghafte Persönlichkeiten 33

5 Extrempersönlichkeiten und Dialogisches Management 37

6 Fazit 41

Was Sie diesem Essential entnehmen konnten 43

Literatur 45

Die Autorin

Susanne Kleinhenz ist Doktor der Philosophie mit dem Schwerpunkt Differenzierte Psychologie und Organisationsentwicklung Ihr gehört die live-academy, eine freie Akademie für Organisations- und Persönlichkeitsentwicklung, Change-Management und Führungskommunikation. Als Organisationsentwicklerin, Trainerin, Autorin und Vortragsrednerin mit wissenschaftlichem Hintergrund und hoher Praxiskompetenz verbindet sie fachliches Knowhow im Learning-Development mit fundierter Erfahrung aus Verkauf, Führung und Psychologie. Zwei ihrer Schwerpunktthemen sind Women-Empowerment und Diversity.

Einleitung 1

> Nur wer seine dunkle Seite kennt, dessen helle Seite kann auch leuchten – und nur, wer sich seines eigenen Abgrundes bewusst ist, kann andere Menschen gut führen.

Führung hat eine helle und eine dunkle Seite, sowie jeder Mensch eine leuchtend strahlende Seite hat – und eben auch eine Schattenseite. Gerade Personen, die es im Wirtschaftsleben in hohe Positionen gebracht haben, zeichnet etwas aus: Sie sind zumeist extremer als andere. Sei es, dass sie fleißiger, ehrgeiziger, kraftvoller, rücksichtsloser, emotionaler oder kälter als andere Menschen sind. Es sind meistens nicht die in sich ruhenden, ausgeglichenen und mit dem Leben zufriedenen Menschen, die es an die Spitze von Abteilungen oder sogar Unternehmen schaffen, sondern meist sind es die Getriebenen. Diejenigen, die es der Welt beweisen wollen, die es allen zeigen wollen, was in ihnen steckt, diejenigen mit großen Träumen und fantastischen Visionen, die nicht eher ruhen, als sie das erreicht haben, was sie haben wollen. Eine hohe, wenn nicht die höchste Position in einem Unternehmen.

Liegt es an der Persönlichkeit eines Menschen, dass er auf der einen Seite unglaublich erfolgreich wird und auf der anderen Seite evtl. seine Seele verkauft, oder machen die Unternehmen Menschen zu Erfolgszombies? Wie gehen Extrempersönlichkeiten mit ihren Mitarbeitern um? Was halten sie von ganz normalen Menschen, die nur ihren Job machen wollen, um zu leben? Inwieweit sind Extrempersönlichkeiten, ohne die die Wirtschaft nicht so erfolgreich wäre, auch gute Führungskräfte und motivierende Leitbilder innerhalb einer Unternehmenskultur? Wie geht man mit solchen extremen Menschen um?

Diese Fragen wirft das essential auf und gibt Antworten und Tipps im Umgang mit extremen Chefs. Außerdem zeigt es die Stärken und Schwächen der breiten Bandbreite von Persönlichkeiten und hilft somit bei einer Passung von Stellenbeschreibungen zu Persönlichkeiten.

© Springer Fachmedien Wiesbaden 2016
S. Kleinhenz, *Die dunkle Seite der Macht: eine Typologie von Führung*, essentials,
DOI 10.1007/978-3-658-12319-2_1

Der Dialog in Führung und Management 2

Das Wort Dialog kommt von dem griechischen Wort diálogos, was „durch etwas" bedeutet. Nach David Bohm ist der Dialog ein freier Sinnstrom, der durch eine ganze Gruppe fließen kann, wenn sich alle dialogisch verhalten. So kann etwas Neues, Kreatives entstehen, das zu Beginn eines Dialoges noch nicht vorhanden war, sondern erst durch das gemeinsame Denken entstanden ist (vgl. Bohm 2011, S. 33).

Der Dialog lebt davon, dass jeder Beteiligte flexibel und bereit ist, seine eigene Meinung durch das Gesagte der anderen zu hinterfragen und somit im Feld der Dialogpartner die Möglichkeit zu schaffen, gemeinsam zu denken und so eine neue und größere Erkenntnis zu erreichen, als nur die Summe der Kenntnisse der Einzelnen. Der Austausch der am Dialog beteiligten Menschen sollte möglichst vorurteilsfrei stattfinden.

Der Dialog setzt gute Kommunikationsfähigkeiten der Beteiligten voraus, ist aber mehr als gute Kommunikation. Das Besondere des Dialoges ist der ihm zugrundeliegende Gedanke, dass durch ihn ein Sinnstrom innerhalb der Beteiligten möglich ist (vgl. Bohm 2011, S. 32–33).

Der wohl erste berühmte Vertreter des Dialoges war Sokrates (469–399 vor Christi), der auf den Marktplätzen Athens seine Mitbürger durch das Hinterfragen des Gesagten dazu brachte, deren innewohnende Haltung und Gedanken zu ergründen. Mit dieser Hebammenkunst (Mäeutik) machte er sich allerdings auch viele Feinde und wurde von seinen dialogunfähigen Feinden in der Politik zum Tode durch den Schierlingsbecher verurteilt (vgl. Poller 2010, S. 69).

Hier zeigte sich schon in der Antike das noch heute aktuelle Problem, dass der Dialog und der Dialogführer eine Umgebung brauchen, die selbstreflektiert, kritikfähig und eben dialogfähig ist.

© Springer Fachmedien Wiesbaden 2016
S. Kleinhenz, *Die dunkle Seite der Macht: eine Typologie von Führung,* essentials,
DOI 10.1007/978-3-658-12319-2_2

Im Nachfolgenden soll es um die Dialogfähigkeit von Managern im Sinne von Bohm (2011) und Petersen (2003) in einer in der Praxis umsetzbaren Ausgestaltung gehen (vgl. Kleinhenz 2015).
Hierbei sind folgende Kriterien wichtig:

- Der Dialog als erlernbare Disziplin, mit dem Ziel, mit den Dialogpartnern ein gemeinsames Verständnis zu erreichen.
- Der Dialog als Chance, sanktionsfrei über Hierarchien hinaus miteinander den Status Quo in Frage zu stellen und neue Problemlösungen zu finden.
- Die Voraussetzung des gelungenen Dialoges in diesem Sinne sind:
  - Vertrauensfähigkeit
  - Wertschätzung und Anerkennung
  - Visionsfähigkeit über ein gemeinsames Ziel
  - Fähigkeit, aktiv zuzuhören
  - Wille zur gemeinsamen Reflektion
  - Bereitschaft, Unvollkommenheiten zu akzeptieren und ständig zu lernen
  - freundliche Fehlertoleranz
  - kritische Bescheidenheit und Authentizität

Die nachfolgenden Kapitel betrachten Extrempersönlichkeiten in der Führung und stellen die Voraussetzungen für dialogische Führung der jeweiligen Persönlichkeitsstruktur gegenüber.

> Ich habe drei Schätze, die ich hüte und bewahre: der erste ist Mitgefühl, der zweite Mäßigkeit, der dritte anderen nicht voraus sein zu wollen. Von Mitgefühl kommt Mut; von Mäßigkeit kommt Großzügigkeit; von Demut kommt Führerschaft. (Laotse 6. Jahrhundert vor Christi)

Dieser Ausspruch von Laotse lässt Führung als ein demütiges Wirken auf Andere erscheinen. Betrachtet man aber die heutigen modernen Topführungskräfte, so stellt sich die Frage, ob da nicht dem einen oder anderen seine Persönlichkeit im Wege steht, sich einem größeren Ganzen unterzuordnen.

Im dialogischen Gedanken werden die Tugenden Mitgefühl, Mut und Demut den Führungskräften wieder abverlangt. Studien haben nachgewiesen (vgl. Kleinhenz 2015), dass gerade die humanistischen Ansätze in der Führung eine höhere Mitarbeiterzufriedenheit nach sich ziehen als andere Ansätze.

Mit **Mitgefühl** meint Laotse eine Eigenschaft, die in der heutigen Businesswelt immer mehr verloren geht (vgl. Schirrmacher 2013). Die Fähigkeit, sich in einen andern Menschen hineinversetzen zu können, dies aber nicht nur kognitiv zu tun, wie es ein geschickter Manipulator verstünde, sondern tatsächlich fühlend, kann hier als die uneigennützige Handlung an dem zu Führenden interpretiert werden.

Als nächstes fordert er **Mäßigkeit**. Gerade in den Zeiten des Kostensparens kommt es darauf an, dass die oberste Führungskraft eben dies auch für sich selbst in Anspruch nimmt.

Mit der **Demut** spricht er zum einen an, sich nicht über einen anderen Menschen zu stellen und unterstreicht den Aspekt des Dienenden im Führungsauftrag. Die Führungskraft soll ihren Mitarbeitenden dienen und damit dem Unternehmensziel – nicht sich selbst. Eine demütige Führungskraft kann nicht zugleich eine selbstherrliche oder narzisstische, also nur um sich selbst kreisende Führungskraft sein.

© Springer Fachmedien Wiesbaden 2016

S. Kleinhenz, *Die dunkle Seite der Macht: eine Typologie von Führung*, essentials,

DOI 10.1007/978-3-658-12319-2_3

Dieses Anerkennen der Führungskraft, dass es etwas Höheres als sich selbst gibt, schafft die wahre Führerschaft für eine gemeinsame Sache wie zum Beispiel dem Unternehmensziel, im Gegensatz zum Erreichen egoistischer Ziele.

> Demut bezeichnet eine Haltung, die man zu allem anderen einnimmt, das jenseits des eigenen Egos und der narzisstischen Bedürfnisse der eigenen Person liegt.
> (Gräser 2013, S. 125)

Die Qualität des Führens hängt mit der Gesinnung und den Zielen des Führenden zusammen. Hier unterscheidet die Führungsliteratur auf der Basis psychoanalytischer Konzepte die narzisstische, die schizoide, die depressive, die zwanghafte oder hysterische Struktur (vgl. Rosenstiel 2003, S. 39). Max Weber prägte den Begriff der charismatischen Führung als eine außeralltägliche Qualität (vgl. Weber 2001, S. 1832). Es kommt auf die Wahrnehmung und vor allem auf die Bewertung der Geführten an, um feststellen zu können, von welcher Qualität die Führung tatsächlich ist. In der GLOBE Studie haben 170 Wissenschaftler in 60 Ländern Zusammenhänge zwischen Führungsidealen und der Kongruenz oder Diskrepanz zwischen den Erwartungen an Führung und der tatsächlichen Führung auf das Commitment erforscht (vgl. Steyrer et al. 2007, S. 403). Hierbei kam es vor allem auf die Wahrnehmung der Geführten an, und es wurden 21 Führungsdimensionen auf folgende 5 Dimensionen verdichtet und gemessen:

> Charisma – Partizipation –Teamorientierung – Humane Orientierung – Autonomie
> –Narzissmus.
> (vgl. Steyrer et al. 2007, S. 406)

In der Studie wird die Hypothese aufgestellt, dass ein Führungskonzept, das auf ein positives Selbstkonzept der Mitarbeiter fokussiert, eine höhere Identifikation mit den Führungszielen erreicht. Hier wurde nachgewiesen, dass die Dimension Narzissmus ein äußerst unerwünschtes Führungsmerkmal zu guter Führung ist (vgl. Steyrer et al. 2007, S. 409).

Führung hat also eine helle und eine dunkle Seite (vgl. Brosi und Spörrle in Grote 2012 und Klaußner 2011, S. 64–71). Die helle Seite lässt eine Führungskraft Menschen in eine Richtung führen, die sowohl im Sinne des Unternehmens als auch im Sinne des Geführten ist. Sie ist frei von jeglicher Manipulation, Unwahrheit und Betrug. Im Sinne Laotses wäre derjenige ein demütiger Führender.

Einfluss der Persönlichkeit auf die Führungsfähigkeit eines Chefs

4

In folgender Betrachtung soll die Thematik von psychologischen Extrempositionen von Führungspersönlichkeiten in Bezug auf ihre Fähigkeiten und Bereitschaft für ein Dialogisches Management erörtert werden. Hierbei wird auch auf das Phänomen Charisma eingegangen. Die Auseinandersetzung mit der Tatsache, dass die Führungsetagen der Wirtschaft zum Teil mit Persönlichkeiten besetzt sind, die bestenfalls als extravagant oder egozentrisch bezeichnet werden könnten und im schlimmsten Fall als psychopathisch, entstand vor allem durch die Arbeiten und Veröffentlichungen von Kevin Dutton, Manfred Kets de Vries, Gerhard Dammann, Robert Hare, Paul Babiak, Stefan Klaußner, Borwin Bandelow und vielen anderen.

2005 führten Belinda Board und Katarina Fritzon von der University of Surrey eine Studie durch, um herauszufinden, wodurch sich Wirtschaftsführer auszeichnen, welche die wichtigsten Facetten der Persönlichkeit sind, durch die sich Passagiere der Business-Class von denen der Economy-Class unterscheiden. Sie verglichen das Abschneiden von drei Gruppen – Managern, Psychiatriepatienten und hospitalisierten Kriminellen bei einem psychologischen Persönlichkeitstest. Ihre Analyse zeigte, dass einige psychopathologische Merkmale bei Wirtschaftsführern verbreiteter waren als bei sogenannten verhaltensgestörten Kriminellen. Merkmale wie oberflächlicher Charme, Egozentrik, Überredungskunst, fehlende Empathie, Unabhängigkeit und Zielgerichtetheit. (Dutton 2013, S. 38–39)

Das Bundeskriminalamt stellte 2002 fest, dass rund ein Drittel aller Wirtschaftsdelikte von Mitgliedern des Topmanagements begangen wurden (vgl. Grunwald 2006 zitiert in Dammann 2007, S. 96). Der amerikanische Wirtschaftspsychologe Paul Babiak stellte in seinen Untersuchungen fest, dass unter Managern der Anteil

© Springer Fachmedien Wiesbaden 2016
S. Kleinhenz, *Die dunkle Seite der Macht: eine Typologie von Führung*, essentials,
DOI 10.1007/978-3-658-12319-2_4

7

der Personen mit einer dissozialen Persönlichkeitsstörung (Psychopathen) überproportional hoch ist (vgl. Babiak 2006 zitiert in Dammann 2013, S. 97).

> Während in der Gesamtbevölkerung der Anteil etwa ein Prozent betragen würde, kämen in US-Firmen auf hundert Angestellte rund acht Psychopathen – und das auch noch stets in höheren Positionen…. Die psychopathischen Manager… wären zwar kaum körperlich aggressiv und häufig sogar recht geschickte Selbstvermarkter, andere negative für das Krankheitsbild typische Eigenschaften kämen aber sehr wohl zum Tragen. Mit ausschließlicher Selbstbezogenheit, Unberechenbarkeit und der Neigung, andere zu beschuldigen, könnten diese Personen Konzerne nämlich bis in den Abgrund treiben (Babiak 2006 zitiert in Dammann 2007, S. 97).

Womit ist diese hohe Erscheinungsform extremer Persönlichkeiten zu erklären? Auch hierfür gibt es eine Erklärung von Babiak und Hare, die sich mit den Erklärungsmustern von Board und Fritzon decken.

> Ich sage immer, wenn ich die Psychopathie nicht in Gefängnissen erforschen würde, dann an der Börse. … Zweifellos gibt es in den Führungsetagen der Geschäftswelt einen größeren Anteil an Psychopathen in der Bevölkerung als in der Bevölkerung allgemein. Man findet sie in allen Organisationen, in denen ihnen Stellung und Status Macht über andere verleihen und die Chance auf materiellen Gewinn bieten. (Hare zitiert in Dutton 2013, S. 136–137)

Hieraus kann geschlussfolgert werden, dass ein Unternehmen, das so positioniert ist, dass es für seine Topmanager extreme Gewinnchancen unter höchsten Leistungsanforderungen bietet, genau diese Persönlichkeiten anzieht.

> Es gibt in der Gesellschaft Positionen, Jobs und Rollen, die aufgrund ihrer kompetitiven, mörderischen Natur Zugang zu Büroraum in genau der Art von psychologischen Immobilien erfordern, zu denen Psychopaten einen Schlüssel haben. In Anbetracht der Tatsache, dass solche Rollen – vor allem weil sie mit Stress und Gefahren verbunden sind – den Betreffenden oft zu großem Reichtum und Ansehen verhelfen und dass die „bösen Buben" … scheinbar gut mit gewissen Mädchen umgehen können, überrascht es wirklich nicht, dass die Gene noch immer hier herumlungern. (Dutton 2013, S. 138)

Wie aber entstehen nun diese extremen Fähigkeiten oder Eigenschaften bei Topmanagern? Werden sie im Laufe ihrer Karriere in jene kalten, aber perfekt funktionierenden „Psychopathen" entwickelt, oder schaffen es nur diejenigen an die Spitze der großen Konzerne (es sind hier nicht die Familien- und Mittelständischen Unternehmen gemeint), die über eine entsprechende „psychopathische" Gehirnkonstellation verfügen. „Psychopathisch" ist hier nicht pathologisch als Störung zu betrachten, sondern als eine zunächst neutrale Qualität des Gehirns (vgl. Dammann 2007; Dutton 2013; Kets de Vries 1990).

> Die Mächtigen leugnen, dass sie verletzlich sind. Je mehr Macht jemand hat, desto verletzbarer wird er. Denn der Mächtige entwickelt ein Misstrauen gegenüber seiner Umwelt. Und dieses Misstrauen wird immer größer, je länger er es schafft, an der Macht zu bleiben … Der Preis der Mächtigen ist die Unfähigkeit zu lieben. Es gibt ein bitteres Gespür der Mächtigen für die eigene Liebesunfähigkeit, die mit der Einsamkeit zusammenhängt. Ich traue niemanden mehr, noch nicht einmal der Frau, die ich liebe. Die Macht lässt die Mächtigen vereisen … . (Erdheim zitiert in Dammann 2007, S. 74)

Während Erdheim und Groß ebenso der Meinung sind, dass die Macht diese Eigenschaften hervorbringt,

> Der Preis, den jemand für eine große Karriere zahlt, das ist eine totale Außenorientierung. Ich sage immer, das sind Leute, die formschön, stoßfest, bruchsicher und abwaschbar sind. Nach außen tun sie so, als seien sie makellos. (Groß 2006 zitiert in Dammann 2007, S. 75)

ist es nach Kramer die Erwartung der Gesellschaft, die diese Führungspersönlichkeiten dann zum Teil entgleiten lässt:

> Sie leiden am ‚Genie-zu-Wahnsinn-Syndrom‘, nach dem sie Besonnenheit, Umsicht und Zurückhaltung aufgeben müssen. Der Fehler liegt nicht in moralischen Mängeln oder individuellen Schwächen, sondern im Druck, der dem Streben nach Macht innewohnt. … Die Systeme, durch die wir unsere Führer auswählen, zwingen Führungskräfte dazu, die zum Überleben essentiellen Angewohnheiten und Verhaltensweisen zu opfern, wenn sie einmal den Gipfel erreicht haben. Die Gesellschaft sieht Risikobereitschaft und Regelverstöße als Zeichen guter Führerschaft an. Den Firmenchefs und anderen Führern fehlen deshalb die Bescheidenheit und Besonnenheit, die benötigt werden, um mit den Belohnungen und Fallenstellungen der Macht umgehen zu können. Sie beginnen zu glauben, dass normale Grenzen für sie nicht gelten und das ihnen jegliche Ausbeute zusteht, derer sie habhaft werden können. (Kramer 2003 zitiert in Dammann 2007, S. 75)

Ist man dieser Ansicht, so wären die Manager am Ende Opfer ihrer Gesellschaft. Das mag manchmal, in letzter Konsequenz so sein, vor allem, wenn sie der Hybris in der Form anheimfallen, dass sie in völliger Selbstüberschätzung die Realität in Form der anderen Menschen ignorieren und dadurch zu Fall kommen. Gleichzeitig sollte hier aber auch betrachtet werden, dass jeder Mensch, auch in den höchsten Etagen des Managements, einen freien Willen hat, den er auch dazu nutzen könnte,

Tab. 4.1 Psychopathie und Führungsfähigkeit. (Kets de Vries 1990, S. 80)

Disposition	Wahrscheinlichkeit für Führung	Wahrscheinlichkeit für Mitarbeiterschaft
Narzisstisch	Sehr hoch	Niedrig
Aggressiv	Hoch	Niedrig
Paranoid	Hoch	Durchschnittlich
Schauspielernd	Durchschnittlich	Durchschnittlich
Distanziert	Durchschnittlich	Durchschnittlich
Kontrollierend	Hoch	Hoch
Passiv/Aggressiv	Niedrig	Hoch
Masochistisch	Sehr niedrig	Hoch

auszusteigen. Den Ausstieg aus den luxuriösen Chefetagen wählen aber die wenigsten. Daher ist anzunehmen, dass es eine Mischung von allem ist: Der Druck der Gesellschaft, die Verführung der Macht und eben die persönliche psychologische Disposition, die den Dominanten in die Position des Herrschers gebracht hat.

> Ich teile die Sichtweise, dass es die Machtausübung ist, die zu diesen Effekten führt, nicht ganz und messe der Primärpersönlichkeit größere Bedeutung zu. … Aus persönlichkeitspsychologischer Sicht würde man dagegen argumentieren, dass z. B. das Konkurrenzdenken in der Persönlichkeit von Personen, die höhere Narzissmus-Anteile zeigen, eher Ursache als Folge ist. (Dammann 2007, S. 75)

Diese zum Teil provozierenden Aussagen machen eines klar, eine extreme Disposition kann in Krankheit oder Verbrechen münden, muss es aber nicht zwingend.

Aus den oben genannten Aussagen lässt sich ableiten, dass mit Managern mit solchen psychologischen Extrempositionen eine dialogische Herangehensweise vergleichbar schwieriger sein wird, als mit einer empathisch veranlagten Führungskraft, deren Regler für Angst und Einhaltung der Regeln deutlich niedriger eingestellt ist als bei den „Extrempersönlichkeiten".

Anhand der ICD-10, der internationalen statistischen Klassifikation der Krankheiten werden die Extrempersönlichkeiten aufgezeigt, die zwar als Persönlichkeitsstörungen beschrieben werden, aber nicht unbedingt straffällig oder krankhaft sein müssen (vgl. Dutton 2013, S. 7–24).

Kets de Vries beschreibt in Tab. 4.1 folgende Dispositionen und bewertet ihre Wahrscheinlichkeit für Führung und Mitarbeiterschaft (Kets de Vries 1990, S. 80).

Die Beschreibung zu den wichtigsten Ausprägungen psychologischer Dispositionen erfolgt im nachfolgenden Kapiteln, wobei ein Schwerpunkt auf Narzissmus gelegt wird, da diese in der Führung am häufigsten vorkommt und am wichtigsten ist (vgl. Kets de Vries 1990, S. 54). Kets de Vries führt an, dass gerade narzisstische Persönlichkeiten leichter in Führungspositionen gelangen als zum Beispiel depressive Persönlichkeiten (vgl. Kets de Vries 1990, S. 80).

Bei allen Beschreibungen kommt es darauf an, zwischen der gesunden, also normalen Disposition und der übertriebenen, also krankhaften Prädisposition oder Persönlichkeitsstörung zu unterscheiden. In der realen Welt sind auch häufiger die „Hybriden", also gemischte Persönlichkeiten anzutreffen, als die Extremtypen einer Richtung (vgl. Kets de Vries 1990, S. 54).

Nach einem allgemeinen Überblick über Persönlichkeitsstörungen beziehungsweise Persönlichkeitsausprägungen werden die Begriffe: charismatische, narzisstische psychopathische, paranoide, depressive, ängstliche und vermeidende, hysterische und zwanghafte Persönlichkeiten in Bezug auf ihre Bedeutung speziell im Management erörtert.

Im Anschluss an diese Darlegung werden die jeweiligen Eigenschaften der Persönlichkeiten mit den Anforderungen an eine dialogische Führungskraft gegenübergestellt.

4.1   Charismatische Persönlichkeiten

Das Wort Charisma kommt aus dem Griechischen und bedeutet „Gnadengabe". Es meint dabei in erster Linie ein Geschenk Gottes an die Menschen. In der Soziologie hat sich in erster Linie Max Weber des Charismas angenommen und es als eine von drei Herrschaftsformen deklariert (vgl. Weber 2001, S. 1782–1784).

Charisma ist ein Begriff, zu dem viele Menschen sofort ein Gefühl haben, es aber exakt zu beschreiben, schwierig ist. Wen würde man für „charismatisch" halten? John F. Kennedy, Barack Obama, genauso aber auch Hitler und Stalin und Stars wie Madonna werden für charismatisch gehalten (vgl. Bliesermann de Guevara und Reiber 2011, S. 15–16).

Demokratische Politiker wie Barack Obama und Willy Brandt werden da in einem Atemzug mit den Diktatoren Adolf Hitler und Josef Stalin genannt. Altkanzler Helmut Schmidt soll es besitzen, allerdings erst seit er aus der aktiven Politik ausgeschieden ist. Charisma wird der US-amerikanischen Politikone John F. Kennedy genauso nachgesagt wie dem antiamerikanischen Staatspräsidenten Venezuelas, Hugo Chavez. Zu pazifistischen Anführern sozialer Bewegungen wie Mahatma Gandhi und Nelson Mandela gesellten sich in dieser Liste gewaltbereite Revolutionsführer wie Fidel Castro und Ernesto „Che" Guevara.… (Bliesermann de Guevara und Reiber in Bliesermann de Guevara und Reiber de 2011, S. 15)

Charismatisch kann also ein Popstar, ein Politiker oder ein Top-Manager sein. Es hat nichts mit seiner Gesinnung an sich zu tun und ist nicht an eine Branche oder ein Geschlecht gebunden. Eines aber ist allen gemeinsam: sie sind extrem engagiert in eine bestimmte Richtung.

Charisma in der Literatur

Eine der charismatischen Ansprachen in der Literatur, die auch immer wieder als Beispiel für charismatische Führung genommen wird, ist die Ansprache von Heinrich V in William Shakespeares Bühnenstück „Heinrich V", das auf die historische Situation vor der Schlacht vor Azincourt am 25. Oktober 1415 beruht, an dem die Engländer gegen die Franzosen im Hundertjährigen Krieg auf wundersame Weise gewonnen haben. Die Situation für die Engländer sah zunächst komplett hoffnungslos aus. Heinrich V stand mit seiner 6000 verletzten, erschöpften, hungrigen und völlig demotivierten Mannschaft einen Tag vor der Schlacht am Crispinianus Tag einem französischen Heer von mehr als 20.000 gut ausgebildeten französischen Soldaten des Königs Karl IV, des Connétable d'Albert, gegenüber:

> …
> Denn welcher heut sein Blut mit mir vergießt,
> Der wird mein Bruder; sei er noch so niedrig,
> Der heut'ge Tag wird adeln seinen Stand.
> Und Edelleut' in England, jetzt im Bett',
> Verfluchen einst, daß sie nicht hier gewesen,
> Und werden kleinlaut, wenn nur jemand spricht,
> Der mit uns focht am Sankt Crispinus-Tag
> (Shakespeare 2000, S. 458–459)

Die Rede ist eine der feurigsten Motivationsreden, die je geschrieben wurden.

Beeindruckend ist die Art und Weise, wie Heinrich V seine Mannschaft hier in die mentale und visuelle Situation des Sieges versetzt und sie den Stolz spüren lässt, den sie Jahre später über ihr mutiges Handeln spüren werden. Was die Rede und dadurch ihren Redner darüber hinaus charismatisch macht, ist die Freiwilligkeit. Aufgrund seiner Machtstellung als König und befehlender Kommandeur könnte er auch jeden seiner Soldaten als Deserteur bestrafen, der nicht mit ihm in die Schlacht ziehen will, aber er verspricht stattdessen jedem, der gehen will, freies Geleit.

Hier ist auch das dialogische Element der Kommunikation auf Augenhöhe zu identifizieren, die etwas oder jemanden charismatisch macht. Es ist zum einen die Leidenschaft der Worte und zum anderen die Fähigkeit, eine Situation so zu beschreiben, als sei sie schon gewonnen. Eine rhetorische Fertigkeit, mit der auch

Barack Obama zu Beginn seiner Amtszeit brilliert hatte „Yes, we can" (vgl. Leane 2009, S. 97–101, 248–255).

Die Freiwilligkeit der anderen betonen, obwohl der Redner die Macht gehabt hätte, Zwang auszuüben, also nach Weber die Herrschaft von Amtswegen nicht zu nutzen, sondern stattdessen auf die Freiwilligkeit und Freiheit des einzelnen zu verweisen.

Psychologische Betrachtung des Phänomens Charisma in der Führung
Das Charisma-Konzept wurde von dem deutschen Soziologen Max Weber (1864–1920) geprägt:

> ‚Charisma' soll eine als außeralltäglich … geltende Qualität einer Persönlichkeit heißen, um derentwillen sie als mit übernatürlichen oder übermenschlichen oder mindestens spezifisch außeralltäglichen, nicht jedem andern zugänglichen Kräften oder Eigenschaften [begabt] oder als gottgesandt oder als vorbildlich und deshalb als ‚Führer' gewertet wird. Wie die betreffende Qualität von irgendeinem ethischen, ästhetischen oder sonstigen Standpunkt aus ‚objektiv' richtig zu bewerten sein würde, ist natürlich dabei begrifflich völlig gleichgültig: darauf allein, wie sie tatsächlich von den charismatisch Beherrschten, den Anhängern, bewertet wird, kommt es an. (Weber 2001, S. 1832)

In Webers Darlegungen ist der Hinweis erkennbar, dass Charisma nicht normal ist, sondern sich der Charismatische von den Normalen abhebt. Er geht hier auch davon aus, dass Charisma nicht erlernbar, sondern eine Gnade göttlichen Ursprungs ist, was einigen neueren Managementansätzen widerspricht, die Charisma für eine erlernbare Qualität ansehen, wie zum Beispiel Prost, der ein 25-Stufen-Programm zum Erlernen von Charisma aufgelegt hat (vgl. Prost 2008, S. 57–123).

Im folgenden Zitat ist erkennbar, dass Charisma vom Erfolg des Trägers abhängt. Bringt der charismatische Führer seinen Beherrschten kein Wohlergehen, so verliert er quasi diese Gottesgabe und wird auch nur zu einem Normalen. Dieses Phänomen ist zum Beispiel bei der Karriere Barack Obamas in der Presse zu verfolgen. Der zu Beginn seiner Amtszeit strahlende und charismatische Held verliert im Laufe seines Schaffens immer mehr an Glanz und Charisma.

> Bleibt die Bewährung dauernd aus, zeigt sich der charismatische Begnadete von seinem Gott oder seiner magischen oder Heldenkraft verlassen, bleibt ihm der Erfolg dauernd versagt, vor allem: bringt seine Führung kein Wohlergehen für die Beherrschten, so hat seine charismatische Autorität die Chance, zu schwinden. (Weber 2001, S.1834)

Fragt man sich nun, inwieweit dieses Charisma eine psychologische oder eventuell sogar eine pathologische Seite hat, findet man bei Weber den Hinweis auf eine Manie. Manie ist eine psychologische Disposition, die meist bei einer bipolaren Störung auftritt und die Gegenseite der Depression darstellt. Der Maniker ist gekennzeichnet durch hyperaktives Handeln, Realitätsverlust, Größenideen (vgl. Dilling 2014, S. 162)

> Die Fähigkeit zur Heldenekstase des nordischen Berserkers, der wie ein tollwütiger Hund in seinen Schild und um sich herum beißt, bis er in rasendem Blutdurst losstürzt, oder des irischen Heros Cuculain oder des homerischen Achilleus, ist ein – wie man für die Berserker lange behauptet hat, durch akute Vergiftung künstlich erzeugter – manischer Anfall (man hielt in Byzanz eine Anzahl zu solchen Anfällen veranlagter ‚blonder Bestien' ebenso wie früher etwa die Kriegselefanten); die Schamanenekstase ist an konstitutionelle Epilepsie geknüpft, deren Besitz und Erprobung die charismatische Qualifikation darstellt.… (Weber 2001,S. 3432)

In dieser Textpassage fällt der Hinweis auf den Archetypen des Helden auf. Achilleus ist in der Ilias ein großer Kriegsheld, der nach einer Wahrsagung, dass er früh sterben würde, von seiner Mutter, der Meeresnymphe Thetis, in den Hadesfluss Styx getaucht wird, der ihn unsterblich machen soll. Da sie den kleinen Jungen aber irgendwie festhalten muss, bleibt seine Ferse von dem Bad unberührt und somit die einzige verletzbare Stelle, die wir heute Achilles-Ferse nennen. Achilleus stirbt im Krieg um Troja durch einen Pfeil des Paris in seine Ferse (vgl. Grant und Hazel 2004, S. 9).

In der Führung, aber auch in der Politik bringen schwierigere oder kriegerische Zeiten eher den Charismatiker in den Vordergrund als ruhige oder friedliche Zeiten. Dieses Phänomen hängt mit der Angst der Menschen zusammen, die sich bei gefühlter Bedrohung nach einem Helden sehnen, der sie rettet.

Paschen und Dihsmaier führen in „Psychologie der Menschenführung" auf, dass sich die Bereitschaft von Menschen, sich führen zu lassen, proportional dazu verhält, welche Angst oder Sorge sie haben, zum Beispiel ein bestimmtes Ziel zu erreichen (vgl. Paschen und Dihsmaier 2011, S. 34–35).

> Der in diesem Sinne komplett angstfreie Mensch wäre tatsächlich für die irrationale Seite der Führung oder für Charisma nicht ansprechbar, sondern nur über Sinn und Logik zu erreichen. Die meisten Menschen sind allerdings durch Charisma anzusprechen, wenn die charismatische Führungskraft eine Angstabwehr verkörpert. (Paschen und Dihsmaier 2011, S. 35)

Gerade in der transformationalen Führung spielt die Idee von Charisma dahingehend eine Rolle, dass die Führungskraft hier ihre Mitarbeiter durch ihre charismatische Kraft inspiriert, sich selbst weiter zu entwickeln.

Bei der transformationalen Führung verfolgt Bass (1985) folgende vier Ideen:

- Idealisierter Einfluss
- Inspirierende Motivation
- Intellektuelle Stimulanz
- Berücksichtigung der Individualität
  (vgl. Pundt und Nerdinger in Grote 2012, S. 32).

Das Charisma-Verständnis in diesem Führungsstil basiert mehr auf Vertrauen, Integrität und Förderung der Mitarbeiter durch eine offene und verständnisvolle Haltung sowie fundierter Coachingausbildung der Führungskraft, als auf der egozentrierten Faszination der Führungskraft selbst (vgl. Pundt und Nerdinger in Grote 2012, S. 36).

Obwohl beide Führungskräfte in ihrer Persönlichkeit als unterschiedlich zu betrachten sind, spricht man in beiden Fällen von charismatischer Führung.

▶ **Zum Umgang mit charismatischen Persönlichkeiten** Wer einen Chef hat, der zu den sozialen statt den egozentrierten Charismatikern gehört, kann sich glücklich schätzen, da sich Persönlichkeiten, die sich selbst schätzen können, auch andere fördern und positiv entwickeln können. Die in diesem Sinne charismatische Führungskraft, häufig werden auch narzisstische Chefs als äußerst charismatisch wahrgenommen, freut sich an der Entwicklung anderer Menschen, ohne sich bedroht zu sehen oder etwas auf sich selbst zu beziehen, was gar nicht mit ihr zu tun hat. Sie ist in der Lage, sich für eine Sache einzusetzen, ohne das Gefühl zu haben, selbst zu kurz zu kommen. Auch der Dialog auf Augenhöhe ist hier problemlos möglich.

4.2 Narzisstische Persönlichkeiten

Der Begriff des Narzissmus stammt aus der griechischen Mythologie. Narcissos ist dort der Sohn der Nymphe Leiriope und des Flussgottes Cephius. Als sich die von Hera verwünschte Nymphe Echo in ihn verliebt, kann sie ihm wegen des Fluches ihre Liebe nicht gestehen, da sie immer nur die letzten gehörten Worte wiederholen kann. Narcissos weist sie daher zurück und Echo vergeht vor Liebesleid. Das erzürnt die Rachegöttin Nemesis und sie verflucht Narcissos, sich in sein Spiegelbild zu verlieben. So geschieht es, dass Narcissos an einem See sitzt und sein Spiegelbild anschmachtet. Als ein Blatt ins Wasser fällt und das Bild zerstört, verstirbt der schon geschwächte Narcissos vor Schreck. An der Stelle seines Todes erblüht eine Blume, die Narzisse (vgl. Grant und Hazel 2004, S. 289).

Die Merkmale der narzisstischen Persönlichkeitsstörung (ICD-10, F60.80) sind u. a. (Vollständige Liste siehe Tab. 4.2) Größengefühle in Bezug auf die eigene Bedeutung, Phantasien über grenzenlosen Erfolgs, Macht, Glanz, Schönheit oder idealer Liebe, hohes Anspruchsdenken.

Treffen fünf dieser neun Punkte auf den Betreffenden zu, kann man von einer Persönlichkeitsstörung ausgehen.

Es ist also immer zwischen der normalen, gesunden narzisstischen Persönlichkeit und der krankhaften „malignen" narzisstischen Persönlichkeitsstörung zu differenzieren (vgl. Dammann 2007, S. 10).

Hier soll die Unterscheidung von Kets de Vries näher betrachtet werden, da diese sich gegenüber den klinischen Beschreibungen der vorgenannten mit dem Narzissmus im Management beschäftigt.

Kets de Vries (vgl. Kets de Vries 1990, S. 93–99) unterscheidet drei Formen des Narzissmus:

Reaktiver Narzissmus
Dieses Selbstbild kompensiert das fehlende Gefühl, von den Eltern nicht geliebt worden zu sein. Diesen Personen fällt es schwer, den Wunsch einer inneren Vorstellung zu formulieren, da sie „innen" (Vorstellung) und „außen" (Realität) nur schwer unterscheiden können. Wird solch ein Narzisst dann zur Führungskraft, kann es dahingehend zu Schwierigkeiten kommen, dass der reaktive Narzisst keine Informationen zulassen wird, die seinen inneren Vorstellungen zugegen laufen. Er wird außerdem seine Ziele ohne Rücksicht auf andere verfolgen und seinem Verlangen nachgehen, andere zu erniedrigen, um seine eigene Überlegenheit zu unterstreichen (vgl. Kets de Vries 1990, S. 94–95).

Selbsttäuschender Narzissmus
Im Gegensatz zu der fehlenden Elternliebe des reaktiven Narzissten, wurde der selbsttäuschende Narzisst als Kind von seinen Eltern oder anderen Bezugspersonen mit Lob und dem Gefühl, etwas Besonderes, und perfekt zu sein überflutet. Diese Narzissten werden dann in ihrem Erwachsenenleben Probleme haben, mit Enttäuschungen fertig zu werden, sie neigen zu emotionaler Oberflächlichkeit und Affektarmut. Sie sind ein Leben lang auf der Suche nach Idealen, was ihre Be-

Tab. 4.2 Gegenüberstellung Narzissten und Dialogfähigkeit

Die Voraussetzung eines dialogischen Managers	Eigenschaften der narzisstischen Persönlichkeit nach ICD-10.60.80	Probleme des Narzissten, dialogfähig zu werden
1. Vertrauensfähigkeit	1. Größengefühle in Bezug auf die eigene Bedeutung	1. N. wollen keine gleichberechtigte Atmosphäre, sondern eine hierarchische, in denen sie an der Spitze stehen
2. Wertschätzung und Anerkennung	2. Phantasien über grenzenlosen Erfolgs, Macht, Glanz, Schönheit grenzenlosen Erfolgs, Macht, Glanz, Schönheit oder idealer Liebe	2. N. sind nicht gut in der Lage, zu vertrauen und werden sich nicht um Vertrauen bemühen
3. Visionsfähigkeit über ein gemeinsames Ziel	3. Gefühl der Einmaligkeit	3. Wahrheit ist für den Narzissten das, was er definiert – er braucht dazu keinen Austausch
4. Fähigkeit, aktiv zuzuhören	4. Bedürfnis nach übermäßiger Bewunderung	4. N. sind ziel- nicht prozessorientiert
5. Wille zur gemeinsamen Reflektion	5. Unbegründete Anspruchshaltung	5. Gegenseitige Anerkennung ist dem Narzissten unbekannt. Für ihn ist Anerkennung eine Einbahnstraße, die vom anderen zu ihm führt – aber nicht umgekehrt
6. Bereitschaft, Unvollkommenheiten zu akzeptieren und ständig zu lernen	6. Ausnützung von zwischen-menschlichen Beziehungen	6. Reflektieren und gemeinsames Handeln ist nicht im Sinne des N. Er hat außerdem kein Gefühl für Wahrhaftigkeit
7. freundliche Fehlertoleranz	7. Mangel an Empathie	7. Für den N. ist die Welt etwas, das sich nur um ihn dreht
8. kritische Bescheidenheit und Authentizität	8. Neidgefühle oder Überzeugung, beneidet zu werden	8. Das letzte, was ein N. erkennt, ist seine eigene Unvollkommenheit, das zweite die Tatsache, dass es etwas zu lernen gibt
	9. Arrogantes, hochmütiges Verhalten	9. Authentizität ist für den N. nicht möglich, da er seine inneren Projektionen für authentisch hält
		10. Bescheidenheit kennt er nicht. Selbstliebe ist sein Dilemma

ziehungsfähigkeit beeinträchtigt. Als Führungskräfte sind sie wesentlich zugänglicher als die reaktiven Narzissten. Sie sind weder ausbeuterisch noch versuchen sie, andere zu demütigen. Sie wirken unsicherer und vermeiden es, Fehler zu machen (vgl. Kets de Vries 1990, S. 95–97).

Konstruktiver Narzissmus

Das innere Theater der konstruktiven Narzissten besteht aus positiven Bildern. Sie verzerren nicht die Wirklichkeit wie dies die reaktiven und selbsttäuschenden Narzissten tun. Sie haben ein starkes Selbstvertrauen, wirken vital und optimistisch. Solchen konstruktiven Narzissten ist als Führungskräften die Manipulation zwar nicht fremd, aber es liegt keinerlei Boshaftigkeit in ihr. Sie haben ein gutes Gespür für Menschen und dem Gleichgewicht zwischen Nehmen und Geben entwickelt. Sie sind bereit, für ihre Handlungen Verantwortung zu übernehmen und haben ein hohes Vertrauen in ihre eigenen Fähigkeiten. Der Ehrgeiz steht bei diesen Führungskräften vor dem Mitgefühl, aber sie kommen mit anderen aufgrund ihrer Leistungsorientierung und Empathiefähigkeit gut zurecht (vgl. Kets de Vries 1990, S. 98–99). Da das Management besonders in großen Konzernen ein Ort ist, an dem nur diejenigen nach oben kommen, die leistungsbereiter, motivierter und konkurrenzfähiger sind (vgl. Dutton 2013, S. 136–138), haben Menschen mit einem höher ausgeprägten Narzissmus hier weitaus größere Chancen, Karriere zu machen.

Hieraus kann abgeleitet werden, dass sich diese Gesellschaft immer mehr in Richtung Narzissmus entwickeln wird, je mehr narzisstische Wirtschaftsführer das Ruder in der Hand haben und je narzisstischer eine Gesellschaft wird, desto mehr spült sie die Führungskräfte nach oben, die auf der Narzisstenskala eine hohe Punktzahl erreichen.

Die narzisstische Kultur einer Ich-Gesellschaft

Der Narzissmus wird als Signum unserer westlichen Zivilisation verstanden. Insbesondere in der 70er Jahren postulierten Soziologen das ‚Zeitalter des Narzissmus' (Lasch 1995). Heute ist dieses Schlagwort etwas weniger verbreitet, vielleicht deshalb, weil es selbstverständlich geworden ist. …. Die gesellschaftliche Entwicklung in Richtung einer Narzissmus-Kultur erklärt möglicherweise noch keine individuellen Exzesse in dieser Richtung ohne entsprechende Prädisposition, schafft aber vielleicht ein Klima (exhibitionistische Medienwelt etc.), das solche Personen mehr Möglichkeiten der Entfaltung und Wertschätzung einräumt, als dies unter anderen sozialen Begebenheiten der Fall wäre. Eine narzisstische Kultur mag auch dazu beitragen, dass narzisstische Individuen in dieser Entwicklungsphase verbleiben, weil sie genügend Gratifikation erhalten. (Dammann 2007, S. 85–86)

In dieser Beschreibung wird deutlich, dass der Narzissmus ganz und gar nicht als eine Störung benannt werden sollte, sondern dass es sich hier um einen menschlichen Trend handelt. Im Folgenden wird daher der Begriff der narzisstischen Persönlichkeit verwendet, wenn es sich um den sogenannten „normalen" oder „konstruktiven" Narzissten handelt und der Begriff der narzisstischen Persönlichkeitsstörung, wenn es sich um den „malignen" also „krankhaften" Narzissten handelt. Der Unterschied von dem einem zum anderen Zustand ist fließend (vgl. Dutton 2013, S. 171). Die in Tab. 4.2 aufgeführten neun Merkmale für eine narzisstische Disposition helfen bei der Unterscheidung. Sind mindestens fünf Merkmale stark ausgeprägt, kann von einer Störung gesprochen werden. Aber selbst ein Mensch mit einer narzisstischen Persönlichkeitsstörung kann in seinem beruflichen Umfeld in einer narzisstischen Kultur äußerst erfolgreich sein.

Die Narzissten wären sicher nicht in jeder Kultur erfolgreich. Die westliche Kultur aber geht immer mehr in Richtung Narzissmus.

Es wurde sogar die Frage aufgeworfen, ob der zu beobachtende Anstieg narzisstischer Verhaltensweisen mit der Profitgier der Wirtschaftskonzerne und ihrer Topmanager erklärt werden könnte. (Diamond 2006 zitiert in Dammann 2007, S. 86)

Kets de Vries bezieht sich auf den Kulturhistoriker Christopher Lasch und postuliert:

…dass aufgrund des Anstiegs des Narzissmus ein neuer Führungsstil entsteht. Der Narzißmus scheint realistischerweise die beste Art zu sein, mit den Spannungen und Ängsten des modernen Lebens umzugehen. Deswegen tendieren die vorherrschenden sozialen Bedingungen dazu narzisstische Charakterzüge hervorzubringen, die in unterschiedlichem Ausmaß bei jedem vorhanden sind. (Lasch 1979 zitiert in Kets de Vries 1990, S. 83)

Aus einer Untersuchung von Dutton geht hervor, dass sowohl der Narzissmus als auch die Psychopathie in den letzten zehn Jahren bei Jugendlichen erheblich angestiegen ist (vgl. Dutton 2013, S. 171).

Bei einer Umfrage mit bislang 14000 Probanden hat Konrath festgestellt, dass das Empathie-Level von Collegestudenten, so wie es von ihnen selbst eingeschätzt wird (gemessen mithilfe des Interpersonal Reactivity Index, einem standardisierten Fragebogen, während der vergangenen drei Jahrzehnte tatsächlich ständig abgenommen hat – seit der Einführung der Skala im Jahr 1979. Und dass in den vergangenen zehn Jahren ein besonders deutliches Absinken zu beobachten war. ‚Heute haben die Collegestudenten rund 40 % weniger Empathie als vor dreißig oder vierzig Jahren' berichtet Konrath. (Konrath zitiert in Dutton 2013, S. 171–172)

Noch beunruhigender ist laut Jean Twenge, Professorin für Psychologie an der San Diego State University, dass sich das Narzissmus-Level der Studenten im selben Zeitraum in die andere Richtung entwickelt hat, d. h. enorm gestiegen ist. (Twenge zitiert in Dutton 2013, S. 172)

All diese Aussagen deuten darauf hin, dass den Menschen der Narzissmus immer normaler erscheint, je narzisstischer eine Gesellschaft wird und dass die Führungskräfte immer narzisstischer werden, je mehr es zur Norm gehört, um erfolgreich zu sein.

Was aber bedeutet dies für die Dialogfähigkeit jener narzisstischen Manager?

Narzissmus und Dialogisches Management

Vergleicht man die Tugenden des Dialogischen Managements mit den Erscheinungsformen des Narzissmus kann daraus Tab. 4.2 entwickelt werden.

Zum Umgang mit narzisstischen Persönlichkeiten

Der Umgang mit einem narzisstischen Chef hat seine Tücken und birgt Gefahren in sich. Ein dialogischer Umgang wird schwer, da der Narzisst in erster Linie immer nur sich selbst sieht. Es ist ihm wichtig, permanent Anerkennung zu bekommen. Er braucht diese Anerkennung wie die Luft zum Atmen. Auf der anderen Seite ist es aber auch gefährlich, ihm als Mitarbeiter Komplimente zu machen. Er könnte der Meinung sein, dass dies jemandem, der unter ihm steht, gar nicht zusteht und statt der erwünschten positiven Anerkennung interpretiert der Narzisst das Kompliment als Anmaßung seines Mitarbeiters. Hier ist aus der Mitarbeiterposition also höchste Aufmerksamkeit und Awareness von Nöten. Für die eigene Gesundheit und Wohlergehen im Umgang mit Narzissten ist es wichtig, dass man selbst immer bei sich bleibt. Sich selbst seiner Stärken und auch Schwächen bewusst sein ist hier das Mittel erster Wahl. Das Fatale im Umgang mit Narzissten wäre, wenn der Mitarbeiter die Anerkennung ebenfalls braucht, also auch eine ähnliche narzisstische Disposition hätte, oder zu sehr die väterliche oder mütterliche Anerkennung sucht. Denn genau das können Narzissten nur sehr schwer, einen anderen von Herzen loben. Es ist hier also empfohlen, einen inneren Standard für Erfolg zu haben und selbst zu wissen, wann etwas gut gelaufen ist, ohne auf Lob und Anerkennung von außen zu warten.

4.3 Psychopathische Persönlichkeiten

Es ist schon eine verrückte Sache mit Psychopathen. In normalen Zeiten überweisen wir sie an Experten, in Zeiten politischer Unruhe regieren sie uns. (Kretschmer zitiert in Kets de Vries 1990, S. 83)

Besonders provozierend und bahnbrechend bei der Idee, dass Psychopathen durchaus auch im normalen, nichtpathologischen Leben große Karrieren machen können, sind die Veröffentlichungen von Kevin Dutton. Er ist Professor und Forschungspsychologe am Calleva Research Center for Evolution and Human Science des Magdalen College der Universität Oxford. In seinem Buch „Psychopathen" beschreibt er Experimente zum Thema Psychopathie, die zum Beispiel zeigen, dass auch ganz normal im Leben funktionierende Menschen in Tests zum psychopathologischen Inventar eine hohe Punktzahl erreichen können (vgl. Dutton 2013, S. 71–74).

In einem Versuch führt Dutton an, dass Kämpfer in Spezialeinheiten, wie zum Beispiel der, die Bin Laden gestellt hat, eine extrem hohe Punktzahl erreichen. Dies stellte er durch eine Messung mit einer transkraniellen Magnetstimulation (TMS) fest. Dieses Gerät wurde 1985 von Anthony Barker und seinen Kollegen an der University of Sheffield entwickelt und dient dazu, mit einem leistungsstarken Elektromagneten, der am Schädel angebracht wird, den Kortex zu beobachten und zu stimulieren (vgl. Dutton 2013, S. 181). Hierbei wurde festgestellt, dass das Angstzentrum innerhalb der Amygdala bei psychopathischen Testpersonen quasi leer ist (vgl. Dutton 2013, S. 182). Stimuliert man nun bei einem „normalen Menschen", wie Dutton dies in einem Selbstversuch bewies, diesen Bereich dahingehend, dass man ihn so manipuliert, dass er keine Informationen mehr zu dem Angstbereich der Amygdala weiterleitet, so kann jeder Mensch dadurch kurzfristig zum „Psychopathen" werden. Das heißt, seine Angst sinkt genauso gegen null wie seine moralischen Bedenken. Allerdings mit dem Unterschied, dass dies wieder abklingt, sobald er nicht mehr an das Gerät angeschlossen ist. Die Frage, die hier aufgeworfen, aber bisher unbeantwortet blieb, ist diejenige, ob zum Beispiel Kämpfer in einer Spezialeinheit durch ihre Ausbildung und tägliches Training in Extremsituationen ihre Gehirnaktivitäten unbewusst derart verändern, dass sie bei einem TMS-Test quasi diese psychopathischen Qualitäten aufzeigen, oder ob es überhaupt nur diejenigen Soldaten in solch eine Einheit schaffen, die bereits über solch eine „angstfreie" Amygdala verfügen (vgl. Dutton 2013, S. 190–200).

Psychopathisch zu sein, so Dutton, heißt also nicht zwingend in einer psychiatrischen Klinik oder einem Hochsicherheitsgefängnis zu landen. Es heißt auch nicht zwingend, dass der Betroffene sich für eine kriminelle Karriere entscheiden wird. Welche Karriere der Gehirnbesitzer einschlägt, die eines Kriminellen, die eines Soldaten in einer Spezialeinheit oder die eines Wirtschaftsführers in höchster Position, liegt in seiner Entscheidung, die vermutlich wiederum durch seine Gene und seine Sozialisation beeinträchtigt wird.

Dutton führt weiter an, dass es Psychopathen wesentlich leichter fällt, Schwächen von anderen zu erkennen. In einem Experiment teilte er zwei Beobachtergruppen ein, die er vorher die „Self-Report-Psychopathy Scale" ausfüllen ließ. Diejenigen mit der hohen Punktzahl, also einer hohen psychopathischen Veranlagung, gelang es zu 70 % die „Schmuggler" in einem Test zu entlarven. Sie konnten auch genau belegen, woran sie die Schwäche der anderen erkannten. Die Kontrollgruppe mit der niedrigen Punktzahl, also einer sehr geringen Psychopathen-Veranlagung, hatte nur eine zufällige Trefferquote von 30 % (vgl. Dutton 2013, S. 28–29). Es ist also nicht unbedingt davon auszugehen, dass Psychopathen generell über keine Empathie verfügen. Sie scheinen aber die Möglichkeit zu haben, anders als normale Menschen, bestimmte Gegebenheiten einfach auszublenden, wenn sie auf etwas Wesentlicheres konzentriert sind. Dies stellte Joe Newman, ein Professor für Psychologie an der University of Wisconsin, Madison, in einer Studie fest. Er testete Gefangene, die in dem PCL-R 40 die Höchstpunktzahl von 40 Punkten erreichten. Newman ist hier nicht der Meinung, dass Psychopathen nicht in der Lage sind, Angst zu bekommen, sondern sie die Angstauslöser nur nicht bemerken, wenn sie sich auf etwas Wesentliches konzentrieren (vgl. Dutton 2013, S. 87–89). Newman äußerte weiter:

> Die Kombination von geringer Risikoaversion und fehlenden Schuldgefühlen oder fehlender Reue, den beiden zentralen Säulen der Psychopathie, kann je nach Umstand zu einer erfolgreichen Karriere im kriminellen Milieu oder im Business führen. Manchmal zu beiden. (Newman in Dutton 2013, S. 88)

So definiert Dutton auch einen Unterschied zwischen einem Psychopathen und einem Menschen mit einer antisozialen Persönlichkeitsstörung. Der Psychopath ist in der Lage seine Emotion völlig auszuschalten (vgl. Dutton 2013, S. 79), derjenige mit nur einer psychosozialen Persönlichkeitsstörung, ohne einen hohen Wert auf der PCL-R-40-Skala (Skala zur Messung von Psychopathie) kann dies nicht.

In einem anderen Beispiel führt er an, dass einer der besten Chirurgen Großbritanniens, James Geraghty, deshalb solch hervorragende Operationsquoten hervorbringt, weil ihm jegliche Empathie und Mitgefühl mit dem Patienten fehlt (vgl. Dutton 2013, S. 26). In einem Interview mit ihm sagte er:

> Ich habe kein Mitgefühl mit denen, die ich operiere. Diesen Luxus kann ich mir einfach nicht leisten. Im OP werde ich wiedergeboren: als kalte herzlose Maschine, völlig eins mit dem Skalpell, Bohrer und Säge. Wenn man dem Tod hoch über der Schneegrenze des Gehirns ein Schnippchen schlagen möchte, sind Gefühle unangebracht. Emotionen sind äußerst schlecht fürs Geschäft. Ich habe sie im Lauf der Jahre so gut wie ausgemerzt. (Dutton 2013, S. 26)

Die psychologische Disposition dieses Chirurgen ist für den Patienten im Operationssaal ein wahrer Segen. Im Arzt-Patienten-Gespräch wird dieser Arzt vermutlich nicht das von vielen Patienten gewünschte Einfühlungsvermögen aufbringen. Die Mitarbeiterzufriedenheit der Krankenschwestern bei solch einem Arzt wird vermutlich auch nicht sehr hoch ausfallen. So wird deutlich, wie Extreme sowohl Segen wie Fluch darstellen können.

In Tab. 4.3 werden die Eigenschaften des Psychopathen mit den Erfordernissen des Dialogischen Managements gegenübergestellt und daraus abgeleitet, inwieweit der Psychopath überhaupt zu dialogischem Verhalten fähig ist.

Zum Umgang mit Psychopathen
Für den Umgang mit diesen Führungskräften einen Tip geben zu wollen ist sehr schwer, da sie in den unterschiedlichsten Varianten auftreten. Was sie eint, ist wenig Empathie für ihre Mitmenschen, es sei denn in der Form, dass es ihnen einen Vorteil bringt, den anderen zu manipulieren. Wer mit solch einer Extrempersönlichkeit zu tun hat, muss sich darüber im Klaren sein, dass sie eine niedrigere Schwelle für Schmerz und Moral hat und vermutlich bereit ist, einen wesentlich höheren Preis für ein Ziel zu bezahlen als eine weniger extreme Persönlichkeit.

Dieser Chef wird jeden Mitarbeiter, Kunden oder Geschäftspartner so lange gut behandeln, solange es ihm von Nutzen ist. Evtl. wird er hier auch schmeicheln und Komplimente machen. Sobald sich aber die Situation ändert, ist er ohne mit der Wimper zu zucken bereit, den anderen für seinen Vorteil zu opfern. Im Umgang mit diesen Persönlichkeiten, die die extremsten überhaupt sind, ist es wichtig, sich keine Illusionen über sie zu machen, sondern sich immer klar zu sein, dass es dieser Person nur um den eigenen Vorteil geht.

Wer Mitgefühl oder auch Fairness erwartet, ist hier der Verlierer.

4.4 Paranoide Persönlichkeiten

Kets de Vries führt an, dass die paranoiden Persönlichkeiten in den Management-Etagen neben den Narzissten eine große Chance auf Karriere haben (vgl. Kets de Vries 1990, S. 80 und Kets de Vries 2002, S. 131). Gerade in paranoiden Unternehmen, also Unternehmen, in denen das Misstrauen an der Tagesordnung ist, erfreut sich dieser Stil einer großen Beliebtheit. Diese Unternehmenskultur zeigt sich meist in einer hohen und nahezu lückenlosen Kontrolle des Personals und keinerlei Wunsch nach offener Meinungsäußerung. Wird hier eine Meinung eines Mitarbeiters gegenüber seinem Vorgesetzten frei geäußert, so erntet er aggressives Verhalten (vgl. Kets de Vries 2002, S. 132).

Die Überempfindlichkeit dieser Führungskräfte macht es ihren Mitarbeitern schwer, mit ihnen auszukommen. Ihr streitsüchtiges Verhalten, ihre aggressive Ge-

Tab. 4.3 Gegenüberstellung Psychopathen und Dialogfähigkeit

Die Voraussetzung eines dialogischen Managers	Eigenschaften der psychopathischen Persönlichkeit nach ICD-10.60.80	Probleme des Psychopathen dialogfähig zu werden
1. Vertrauensfähigkeit	1. Kaltes Unbeteiligtsein und Rücksichtslosigkeit gegenüber Gefühlen anderer	1. Der Psychopath hat kein Interesse an Gemeinsamkeit
2. Wertschätzung und Anerkennung	2. Grobe und andauernde Verantwortungslosigkeit und Missachtung sozialer Normen, Regeln und Verpflichtungen	2. Er hält sich nicht an Regeln, er muss sie also auch gar nicht hinterfragen
3. Visionsfähigkeit über ein gemeinsames Ziel	3. Unvermögen zur Beibehaltung längerfristiger Beziehungen, aber keine Schwierigkeiten Beziehungen einzugehen	3. Vernunft ist hier kein Wert der als erstrebenswert betrachtet wird
4. Fähigkeit, aktiv zuzuhören	4. Sehr geringe Frustrationstoleranz und niedrige Schwelle für aggressives und gewalttätiges Verhalten	4. Psychopathen suchen weder Vertrauen noch Verlässlichkeit – sie wollen ihre Hierarchie und Macht dazu verwenden, um zu tun, was nur sie für richtig erachten
5. Wille zur gemeinsamen Reflektion	5. Unfähigkeit zum Erleben von Schuldbewusstsein oder zum Lernen aus Erfahrung besonders aus Bestrafung	5. Durch das aggressive Verhalten werden lange Diskussionen und Besprechungen mit dem Psychopathen zur Tortur
6. Bereitschaft, Unvollkommenheiten zu akzeptieren und ständig zu lernen	6. Ausgeprägte Neigung, andere zu beschuldigen oder einleuchtende Rationalisierungen für das eigene Verhalten anzubieten, durch welches die Person in einen Konflikt mit der Gesellschaft geraten ist	6. Er hat weder die Geduld noch das Interesse die Meinungen der anderen zu hören
7. Freundliche Fehlertoleranz		7. Die Schuld nicht bei sich sondern bei anderen zu suchen, ist Hauptsymptom des Psychopathen. Deswegen wird weder Reflektieren, Akzeptanz von Unvollkommenheit noch das Erkennen eines gemeinsamen Wohls mit ihm möglich sein
8. Kritische Bescheidenheit und Authentizität		

reiztheit lässt sie Schwierigkeiten häufig hochspielen und verhindert einen souveränen Umgang. Sie sind ständig auf der Hut, angespannt und erholen sich kaum. Eine weitere Gefahr dabei ist, dass sich dieses Verhalten auch auf eine ganze, in dieser Form geführte, Abteilung übertragen kann.

In dieser angstbesetzten, sehr hierarchischen und hoch politischen Kultur wäre die Einführung eines Dialogischen Managements von großem Nutzen, wird sich aber als schwierig erweisen, da die geheimen Regeln und die Art und Weise der Führungsriege diametral gegen den dialogischen Gedanken stehen.

In Tab. 4.4 werden die Eigenschaften des Paranoiden mit den Erfordernissen des Dialogischen Managements gegenübergestellt und daraus abgeleitet, inwieweit der Paranoide überhaupt zu dialogischem Verhalten fähig ist.

▶ **Zum Umgang mit paranoiden Persönlichkeiten** Das Anstrengende an Paranoiden ist, dass sie, wenn man ihnen lange genug zuhört, eine ansteckende Wirkung haben. Selbst ein optimistischer und fröhlicher Mitarbeiter wird dann am Ende solch einer Auseinandersetzung Angst bekommen, dass ihn Kollegen aus anderen Abteilungen mobben, beobachten oder etwas Böses im Schilde führen könnten.

Dem Paranoiden zu widersprechen ist ziemlich sinnlos, da ihn höchste Energien und ein nicht enden wollender Redestrom an seinen „Wahn"-Vorstellungen festhalten lassen. Nicht immer haben die Paranoiden Unrecht. Sie sind es auch, die frühzeitig eine Gefahr bemerken können, die sonst keinem aufgefallen wäre.

Am besten hält man sich hier mit Diskussionen zurück und meidet Themen, die dem Paranoiden als „gefährlich" erscheinen. Ein dialogischer Umgang ist schwierig, da der Paranoide selten eine andere als seine eigene Meinung gelten lässt, und diese mit übertriebenem Einsatz und unter allen Umständen aufrechterhalten muss.

Wenn er überzeugt werden kann, dann nur durch Zahlen, Daten und Fakten.

Emotionale Begründungen machen ihm Angst und daher wird er sie von vorneherein nicht gelten lassen.

4.5   Schizoide Persönlichkeiten

Die schizoide Persönlichkeit ist die durch Rückzug von sozialen Kontakten mit übermäßiger Vorliebe für Phantasie, einzelgängerischen Verhalten und in sich gekehrte Zurückhaltung gekennzeichnet. Es besteht nur ein begrenztes Ver-

Tab. 4.4 Gegenüberstellung Paranoide und Dialogfähigkeit

Die Voraussetzung eines dialogischen Managers	Eigenschaften der paranoide Persönlichkeit nach ICD F60.0	Probleme des Paranoiden dialogfähig zu werden
1. Vertrauensfähigkeit	1. Übertriebene Empfindlich-keit bei Rückschlägen und Rückweisung.	1. Die paranoide Persönlichkeit ist von der Angst besetzt, dass andere ihm Böses wollen
2. Wertschätzung und Anerkennung	2. Neigung zu ständigem Groll, z. B. durch die Weigerung der Betreffenden, Beleidigungen, Verletzungen oder Missachtungen durch andere zu verzeihen	2. Sei es, dass andere an ihrem Stuhl sägen, ihn verleumden oder sonstiges Böses im Schilde führen
3. Visionsfähigkeit über ein gemeinsames Ziel	3. Misstrauen und eine starke Neigung, Erlebtes zu verdrehen, indem neutrale oder freundliche Handlungen anderer als feindlich oder verächtlich gedeutet werden	3. Dieses Fühlen ist irrational, aber deswegen nicht weniger intensiv vorhanden
4. Fähigkeit, aktiv zuzuhören	4. Streitsüchtiges und beharrliches, situationsunangemessenes Bestehen auf eigenen Rechten	4. Der Versuch dialogisch miteinander umzugehen wird erst einmal mit großem Misstrauen betrachtet werden
5. Wille zur gemeinsamen Reflektion	5. Häufiges Misstrauen gegenüber der sexuellen Treue des Partners	5. Dialogfähigkeit liegt hier nicht
6. Bereitschaft, Unvollkommenheiten zu akzeptieren und ständig zu lernen	6. Tendenz zu stark überhöhten Selbstwertgefühl und ständige Selbstbezogenheit	6. In der Natur der Sache, würde aber helfen, eine paranoide Atmosphäre zu entkrampfen
7. Freundliche Fehlertoleranz	7. Inanspruchnahme durch ungerechtfertigte Gedanken an Verschwörungen als Erklärungen für Ereignisse in der Umgebung und der Welt	
8. Kritische Bescheidenheit und Authentizität		

mögen, Gefühle auszudrücken und Freude zu erleben (vgl. ICD-10F60.1 1990, S. 214).

Der schizoide Chef, der „Lonesome Cowboy", ist ein ziemlich isolierter Mensch, der niemanden nah an sich heran lässt, wenig bis gar keine Emotionen zeigt und vermutlich ein sehr hartes Regiment führt. Man kann ihn sich gut als Workaholic vorstellen, der von sich selbst, aber auch von allen anderen die maximale Leistung verlangt und dabei keine Nähe und Beziehung herstellen kann.

Mitarbeiter einer schizoiden, also extrem distanzierten Führungskraft, haben es schwer, weil sie nicht wissen, was von ihnen erwartet wird und sie kein Feedback bekommen. Meist begrenzt die mangelnde Fähigkeit des Schizoiden, eine Führungsposition zu bekommen und zu erhalten, da in der Führung die Kommunikation eine wichtige Voraussetzung für die Karriere ist (vgl. Kets de Vries 1990, S. 67).

In Tab. 4.5 werden die Eigenschaften des Schizoiden den Erfordernissen des Dialogischen Managements gegenübergestellt und daraus abgeleitet, inwieweit der Schizoide überhaupt zu dialogischem Verhalten fähig ist.

▶ **Zum Umgang mit schizoiden Persönlichkeiten** Mit einem schizoiden Chef kann man gut leben, wenn man nicht die Nähe zu ihm sucht, oder emotionale Anteilnahme erwartet. Fatal wäre es hier, in ihn eine Vater- oder Muttergestalt zu projizieren, und zu erwarten, dass er nicht nur eine leitende, sondern auch eine fürsorgliche Rolle einnimmt. Diese Führungskraft wird gut in der Lage sein, auch in einer nahezu ausweglosen Situation, eine Abteilung oder Firma noch gut zu leiten, wenn nicht sogar zu retten. Sehr häufig sind Sanierer in diesem Typus in Verbindung mit dem Zwanghaften zu finden, und gerade deswegen erfolgreich, weil sie sich nicht von Emotionen leiten lassen. Diese von ihm zu erwarten wäre hier ein Fehler des Mitarbeiters, der Enttäuschung und Missverständnisse nach sich ziehen kann. Der schizoide Chef wird seine Mitarbeiter dafür schützen, dass sie einen guten Job machen, alles andere interessiert ihn wenig. Er legt außerdem Wert auf die Einhaltung der Hierarchie und vor allem wünscht er, dass man ihm emotional niemals zu nahe kommt. Sachlichen Argumenten gegenüber ist er durchaus aufgeschlossen. Er sucht schnelle und praktikable Lösungen. Sollte ein Mitarbeiter der Meinung sein, dass Freude, Harmonie und ein geselliges Miteinander zum Arbeitsalltag gehören, ist er bei so einer Führungskraft nicht an der richtigen Stelle.

Tab. 4.5 Gegenüberstellung Schizoide und Dialogfähigkeit

Die Voraussetzung eines dialogischen Managers	Eigenschaften der schizoiden Persönlichkeit nach ICD-10. F 60.1	Probleme des Schizoiden dialogfähig zu werden
1. Vertrauensfähigkeit	1. Wenige oder überhaupt keine Tätigkeiten bereiten Vergnügen	1. Der Schizoide möchte kein gemeinsames Miteinander, alles Menschliche ist ihm fremd
2. Wertschätzung und Anerkennung	2. Emotionale Kühle, Distanziertheit oder flache Affektivität	2. Durch seine abgeflachten Affekte wird er sich selbst nicht in einen Dialog einbringen und auch andere nicht ermutigen sich zu äußern
3. Visionsfähigkeit über ein gemeinsames Ziel	3. Geringe Fähigkeit, warme, zärtliche Gefühle oder auch Ärger zu zeigen	3. Da er keine Gefühle ausdrücken kann, wird er auch den Sinn eines solchen Verfahrens nicht erkennen
4. Fähigkeit, aktiv zuzuhören	4. Anscheinende Gleichgültigkeit gegenüber Lob und Kritik	4. Da er lieber alleine arbeitet, ist der Dialog für ihn eine große Herausforderung, der er sich vermutlich nicht stellen wird
5. Wille zur gemeinsamen Reflektion	5. Wenig Interesse an sexuellen Erfahrungen mit anderen	5. Seine Introvertiertheit macht es ihm schwer und unangenehm, sich in Dialogform zu äußern, er gibt lieber schriftliche Anweisungen
6. Bereitschaft, Unvollkommenheiten zu akzeptieren und ständig zu lernen	6. Übermäßige Vorliebe für einzelgängerische Beschäftigungen	
7. Freundliche Fehlertoleranz	7. Übermäßige Inanspruchnahme durch Fantasie und Introspektion	
8. Kritische Bescheidenheit und Authentizität	8. Mangel an engen, Freunden oder vertrauensvollen Beziehungen und fehlender Wunsch danach	
	9. Deutlich mangelnde Sensibilität im Erkennen und Befolgen gesellschaftlicher Regeln	

4.6 Depressive, ängstlich-vermeidende und abhängige Persönlichkeiten

Im Folgenden werden die depressive, ängstlich-vermeidende und abhängige Persönlichkeit zusammengefasst. Da es in der hier zugrunde liegenden Untersuchung nicht um die klinische genaue Differenzialdiagnose geht, sondern um den Einfluss psychologischer Dispositionen auf das Führungs- und Kommunikationsverhalten, wurde diese Vereinfachung gewählt.

Menschen im Bereich des depressiven Stils lehnen Führerschaft für sich selbst häufig ab und sind eher als Mitarbeiter in Unternehmenskulturen mit einem dramatischen Stil zu finden, wo sie sich als Mitarbeiter entweder narzisstische oder dramatisierende Chefs suchen (vgl. Kets de Vries 2002, S. 143). Hier wird ihr Muster, einer Führungspersönlichkeit zu folgen und sich auf sie verlassen zu können, erfüllt, genauso allerdings besteht das Risiko, dass sie in ihren Erwartungen enttäuscht werden.

Die Dialogfähigkeit dieser beziehungsorientierten Menschen ist dann gut, wenn sie dazu ermutigt werden, sich zu äußern und sie keine Angst haben, die Sympathie ihres Chefs, von dem sie in einem wesentlich höheren Maße als alle anderen Persönlichkeiten abhängig sind, zu riskieren.

In Tab. 4.6 werden die Eigenschaften des Abhängigen, als ein Beispiel der Cluster C, ängstlich vermeidenden Persönlichkeiten herausgegriffen und den Erfordernissen des Dialogischem Managements gegenübergestellt. Daraus wird abgeleitet, inwieweit die abhängige Persönlichkeit zu dialogischem Verhalten fähig ist.

► **Zum Umgang mit depressiven und ängstlich-vermeidenden Persönlichkeiten** Die Wahrscheinlichkeit, dass eine dieser beschriebenen Persönlichkeit auf eine hohe Führungsposition gelangen wird, ist äußerst unwahrscheinlich. Die größte Problematik im Umgang mit abhängigen oder depressiven Persönlichkeiten ist, dass sie sich sehr schwer damit tun, Entscheidungen zu fällen und sie dann konsequent auch durchzuziehen. Als Mitarbeiter solch eines eher schwachen Chefs ist man häufig davon abhängig, dass der Chef durchgreift, um den Mitarbeitern den Rücken frei zu halten. Hier entsteht dann oft Enttäuschung darüber, dass genau dies nicht stattfindet. Die vermeidende Persönlichkeit kann aber genau dieses nicht. Hier entsteht häufig die Problematik der Rollenambiguität. Die Erwartung an die Führungsrolle wird nicht erfüllt. In der Praxis wird dies oft so gelöst, dass ein anderer Mitarbeiter die „heimliche" Rolle des Chefs einnimmt.

Tab. 4.6 Gegenüberstellung Abhängige/Depressive und Dialogfähigkeit

Die Voraussetzung eines dialogischen Managers	Eigenschaften der abhängigen Persönlichkeit nach ICD-10 F 60.7	Probleme des Abhängigen, dialogfähig zu werden
1. Vertrauensfähigkeit	1. Überlassung der Verantwortung für wichtige Bereiche des eigenen Lebens an andere	1. Hier besteht die Problematik neben der Manipulierbarkeit auch darin, dass solche Persönlichkeiten seltener in eine
2. Wertschätzung und Anerkennung	2. Unterordnung eigener Bedürfnisse unter die anderer Personen, zu denen eine Abhängigkeit besteht, und unverhältnismäßige Nachgiebigkeit gegenüber den Wünschen anderer	2. Führungsposition gelangen als die von sich überzeugten Persönlichkeiten
3. Visionsfähigkeit über ein gemeinsames Ziel	3. Mangelnde Bereitschaft zur Äußerung angemessener Ansprüche gegenüber Personen, zu denen eine Abhängigkeit besteht	3. Im Dialog ergäben sich folgende Schwierigkeiten: Durch die Angst und Abhängigkeit sich anderen gegenüber selbstbewusst zu äußern, besteht die Gefahr, dass selbstbewusstere Mitarbeiter den Dialog dazu nutzen, eigene Interessen gegen die depressiv- abhängige Persönlichkeit durchzusetzen
4. Fähigkeit, aktiv zuzuhören	4. Unbehagliches Gefühl beim Alleinsein aus übertriebener Angst, nicht für sich sorgen zu können	4. Es ist in Frage zu stellen, ob diese Persönlichkeit die eigentliche Beliebtheit vor die Wahrheitssuche stellt und somit häufig in Richtung sozialer Erwünschtheit anstelle von Wahrhaftigkeit argumentieren wird
5. Wille zur gemeinsamen Reflektion	5. Häufige Angst von einer Person verlassen zu werden, zu der eine enge Beziehung besteht, und auf sich selbst angewiesen zu sein	5. Probleme, Fehler selbstbewusst zuzugeben, machen den Dialog mit einer abhängigen Person schwierig
6. Bereitschaft, Unvollkommenheiten zu akzeptieren und ständig zu lernen	6. Eingeschränkte Fähigkeit, Alltagsentscheidungen zu treffen ohne ein hohes Maß an Ratschlägen und Bestätigung von anderen	
7. Freundliche Fehlertoleranz		
8. Kritische Bescheidenheit und Authentizität		

4.7 Dramatisierende Persönlichkeiten

Das Gegenteil der kontrollierenden/zwanghaften Führungspersönlichkeit stellt die dramatisierende oder hysterische Führungspersönlichkeit dar. Sie wird in der ICD-10. F 60.4 als histrionisch beschrieben.

Im Führungsalltag passt der Begriff dramatisierend besser, der auch in der amerikanischen Führungsliteratur (Kets de Vries 1990; Dutton 2013; Dammann 2007) verwendet wird. Diese Persönlichkeiten halten die Welt für eine Bühne, und sich selbst für den Hauptdarsteller ihrer eigenen Inszenierung. Sie sind den Narzissten sehr ähnlich. Sie haben ein enormes Bedürfnis nach Abwechslung und Anregung. Dagegen ist ihnen Disziplin und Konzentration nicht so wichtig. Sie neigen zu starken Gefühlsausbrüchen und kurzfristigen Überreaktionen. Sie leben in Extremen: Himmelhochjauchzend und zu Tode betrübt und Himmel und Hölle, Verteufeln und Vergöttern. Alles ist vorhanden und wechselt extrem schnell. Sie können dabei jähzornig, rachsüchtig und äußerst ungerecht sein. Diese Führungskraft schart vor allem gerne dependente (abhängige) Mitarbeiter um sich (vgl. Kets de Vries 2002, S. 129–130). In Unternehmen oder Abteilungen mit dieser dramatisierenden Kultur herrscht ein großer Chefkult. Die Mitarbeiter fühlen sich diesem Chef stark verbunden und durch seine emotionale Art zu führen, wirkt er sehr charismatisch auf sie. Er verfolgt dabei seine Ziele und sorgt dafür, dass seine Alleinherrschaft nicht angegriffen wird. In solch einem Unternehmen herrscht ein großer Aktivismus, eine hohe Impulsivität, wenig Kontrolle und gute Stimmung, solange alles gut läuft. (vgl. Kets de Vries 2002, S. 130). Dramatisierende Führungskräfte sind dabei wenig planvoll und schrecken die kontrollierenden Typen sowohl als Chefs als auch als Mitarbeiter ab. Es wird wenig formalisiert und wenig kontrolliert.

Es kommt vor, dass sich dieser Stil nicht auf das ganze Unternehmen bezieht, sondern auf einzelne Abteilungen, wie bei Versicherungskonzernen zum Beispiel auf den Vertrieb und das Marketing. Hier prallen dann Welten aufeinander, wenn die Complience-Regeln ein stärkeres Vertriebscontrolling verlangen und den Länderfürsten Macht entzogen werden soll.

In Tab. 4.7 werden die Eigenschaften des Hysterikers mit den Erfordernissen des Dialogischen Managements gegenübergestellt und daraus abgeleitet, inwieweit der Hysteriker zu dialogischem Verhalten fähig ist.

► **Zum Umgang mit dramatisierenden Persönlichkeiten** Dramatisierende Persönlichkeiten sind den Narzissten häufig ähnlich und schwer von ihnen zu unterscheiden. Da die meisten Führungspersönlichkeiten Hybride sind, gibt es hier aber auch oft eine Mischung zwischen der

Tab. 4.7 Gegenüberstellung Dramatisierende und Dialogfähigkeit

Die Voraussetzung eines dialogischen Managers	Eigenschaften der dramatisierenden Persönlichkeit nach ICD-10 F 60.4	Probleme des Hysterikers, dialogfähig zu werden
1. Vertrauensfähigkeit	1. Dramatische Selbstdarstellung, theatralisches Auftreten oder übertriebener Ausdruck von Gefühlen	1. Der dramatisierende Chef ist neuen Methoden und kreativen Möglichkeiten immer aufgeschlossen
2. Wertschätzung und Anerkennung	2. Suggestibilität, leichte Beeinflussbarkeit durch andere Personen oder Umstände	2. Das Verfahren muss nur interessant und glamourös genug erscheinen
3. Visionsfähigkeit über ein gemeinsames Ziel	3. Oberflächliche und labile Affektivität	3. Er ist leicht beeinflussbar, insofern kann ihm ein neues Verfahren auch gut verkauft werden, da er anders als die zwanghaften und paranoiden nicht an seinen eigenen Verfahren festhält
4. Fähigkeit, aktiv zuzuhören	4. Andauerndes Verlangen nach Aufregung, Anerkennung durch andere und Aktivitäten, bei denen die betreffende Person im Mittelpunkt der Aufmerksamkeit steht	4. Der Dialog kann ihm außerdem die Chance geben durch gute Beiträge vor seinen Mitarbeitern zu brillieren
5. Wille zur gemeinsamen Reflektion	5. Unangemessen verführerisch in Erscheinung und Verhalten	
6. Bereitschaft, Unvollkommenheiten zu akzeptieren und ständig zu lernen	6. Übermäßiges Interesse an körperlicher Attraktivität	
7. Freundliche Fehlertoleranz		
8. Kritische Bescheidenheit und Authentizität		

narzisstischen und dramatisierenden Persönlichkeit. Dramatisierer sind gut auf einer Bühne – und sie suchen diese überall in ihrem Leben.

Am besten ist mit ihnen zu kommunizieren, indem man ihnen diese Bühne zur Verfügung stellt und damit Gelegenheit gibt, sich selbst positiv darzustellen. Sie sind meist sehr kreativ, haben Ideen, können gut querdenken und über den Status Quo hinwegsehen. Sie sind es, die neue Wege finden und auch die Energie und Motivationskraft haben, andere dort mit zu nehmen.

Wer beachtet, dass der dramatisierende Chef seinen Applaus bekommt, hat gute Chancen, auf ihn einwirken zu können. Es ist ihm außerdem wichtig, dass es Spaß macht, mit jemanden zusammen zu arbeiten. Somit ist er ein Greul für den Zwanghaften und den Paranoiden und eine Freude für ähnlich veranlagte Mitarbeiter. Gerade der eher vermeidende, abhängige oder depressive Mitarbeiter kann von ihm aus seiner Lethargie gerissen werden.

4.8 Zwanghafte Persönlichkeiten

Das Problem der zwanghaften Persönlichkeit ist nicht, dass sie es nicht in die Führungsetagen schafft, sondern dass sie dort alles lahmlegt, weil sie durch ihre Angst vor Fehlern und ihrem Hang zum Perfektionismus entscheidungsschwach und kreativitätshemmend wirken (vgl. Kets de Vries 2002, S. 139).

Ähnlich wie in den paranoiden Unternehmenskulturen herrscht auch in den strengen bürokratischen zwanghaften Kulturen ein hohes Misstrauen. Anstelle auf Vertrauen, Visionen, gemeinsame Ziele und Talente zu zählen, setzt man hier auf Formalien und Überwachung. Je mehr Überwachung aber stattfindet, desto höher wird die Misstrauenskultur. In einer Kultur, in der jedes Detail in Vorschriften geregelt ist, hat Kreativität keinen Platz und kreative Menschen kein Zuhause. Statt mit Vorbild und Charisma, wie zum Beispiel bei der Transformationalen Führung, wird hier mit Regelwerk geführt (Kets de Vries 2002, S. 140).

Diese Kultur schreckt unabhängige Geister und kreative Schaffende ab. Ähnlich wie in der paranoiden Kultur, wäre die Einführung eines Dialogischen Managements hilfreich, um das Misstrauen in Vertrauen zu verwandeln. Aus den Symptomen der Persönlichkeiten lässt sich ableiten, dass sie sich als Berater einen Persönlichkeitstyp holen werden, der in ihrer eigenen Art und Weise, also hierarchisch und bürokratisch, statt kreativ und dialogisch vorgeht. Alles Neue und Andersartige macht diesen Persönlichkeiten Angst.

In Tab. 4.8 werden die Eigenschaften des Zwanghaften den Erfordernissen des Dialogischen Managements gegenübergestellt und daraus abgeleitet, inwieweit der Zwanghafte zu dialogischem Verhalten fähig ist.

Tab. 4.8 Gegenüberstellung Zwanghafte und Dialogfähigkeit

Die Voraussetzung eines dialogischen Managers	Eigenschaften der zwanghaften Persönlichkeit nach ICD-10 F 60.5	Probleme des zwangshaften Chefs, dialogfähig zu werden
1. Vertrauensfähigkeit	1. Übermäßiger Zweifel Vorsicht	1. Dialog ist prozessorientiert, unterliegt aber nur der Regel, dass man sich gegenseitig auf Augenhöhe austauschen kann
2. Wertschätzung und Anerkennung	2. Ständige Beschäftigung mit Details, Regeln, Listen, Ordnung, Organisation von Plänen	2. Die zwanghafte Struktur verlangt nach strengeren Regeln und der Einhaltung von Hierarchie, das macht es dem Zwanghaften schwierig, sich auf einen Dialog einzulassen
3. Visionsfähigkeit über ein gemeinsames Ziel	3. Perfektionismus, der die Fertigstellung von Aufgaben behindert	3. Der Zwanghafte fühlt sich unsicher, wenn er nicht vorgegebene Listen abarbeiten kann. Der Dialog zielt auf das Zwischenmenschliche ab
4. Fähigkeit, aktiv zuzuhören	4. Übermäßige Gewissen-haftigkeit, Skrupelhaftigkeit und unverhältnismäßige Leistungsbezogenheit unter Vernachlässigung von Vergnügen und zwischenmenschlichen Beziehungen	4. Das aber genau möchte der Zwanghafte auf jeden Fall vermeiden: das Beschäftigen mit dem Menschsein
5. Wille zur gemeinsamen Reflektion	5. Übermäßige Pedanterie und Befolgung von Konventionen	5. Er sieht seine Aufgabe darin, eine Aufgabe zu erledigen. Der Gedanke, dass menschliches Miteinander dabei hilfreich sein könnte, kommt in seiner Gedankenwelt gar nicht vor
6. Bereitschaft, Unvollkommenheiten zu akzeptieren und ständig zu lernen	6. Rigidität und Eigensinn	
7. Freundliche Fehlertoleranz	7. Unbegründetes Bestehen auf der Unterordnung anderer unter eigene Gewohnheiten oder unbegründetes Zögern, Aufgaben zu delegieren	
8. Kritische Bescheidenheit und Authentizität	8. Aufdrängen beharrlicher und unerwünschter Gedanken oder Impulse	

▶ **Zum Umgang mit zwanghaften Persönlichkeiten** Mit dem Zwanghaften verhält es sich ähnlich wie mit dem Paranoiden. Es ist für anders geartete Persönlichkeiten schwierig, deren Welt zu verstehen oder zu akzeptieren. Für den schizoid veranlagten Mitarbeiter ist der Umgang einfacher als zum Beispiel für den narzisstischen oder dramatisierenden Mitarbeiter, die es beide sehr anstrengt, detailorientiert zu arbeiten, oder permanent in Worst-Case-Szenarien denken zu müssen.

Der Grundgedanke beim Umgang mit einem zwanghaften Chef sollte sein, dass ihm alles Angst macht, was er nicht kontrollieren kann. Es sollte also vermieden werden, ihn unter Zeitdruck zu setzen oder selbst zu hektisch zu erscheinen. Ebenso ist es schwierig für ihn, sich etwas vorzustellen, das nicht in Zahlen, Daten, Fakten belegt wurde.

Gründliche Vorbereitung auf alle sachlichen Fragen ist daher im Umgang mit ihm genauso wichtig wie eine ruhige und ausgeglichene Grundeinstellung. Übermäßige Freude oder Emotionalität kommt beim Dramatisierenden gut an, nicht aber beim Zwanghaften.

Extrempersönlichkeiten und Dialogisches Management 5

In den Gegenüberstellungen der Persönlichkeiten zu den Erfordernissen des Dialogischen Managements wird sichtbar, dass es sehr stark von der Persönlichkeit abhängt, inwieweit ihre Veranlagung eine Dialogfähigkeit vereinfacht oder sie einen sehr schweren Zugang dazu finden wird. Abbildung 5.1 zeigt zunächst einen Überblick über die wichtigsten Persönlichkeiten. Die Borderline-Persönlichkeit wurde wegen ihrer Vielschichtigkeit in dieser Aufzeichnung ausgelassen.

In Abb. 5.2 werden die Ergebnisse der tabellarischen Gegenüberstellungen der Persönlichkeiten zu den Erfordernissen eines Dialogischen Managements als Ergebnis zusammengefasst.

Am wenigstens für ein Dialogisches Management geeignet ist die narzisstische und psychopathische Persönlichkeit. Während bei den Narzissten die permanente Beschäftigung mit sich selbst dem Öffnen für ein gemeinsames Größeres im Wege steht, würde sich der Psychopath schon von vorneherein der Idee verschließen, da sie allem widerspricht, was seine Welt definiert. Während der Narzisst den Prozess dazu verwenden würde, sich zu profilieren, würde der Psychopath versuchen, sich am Prozess zu bereichern und die anderen zu übervorteilen, was das Ganze ad absurdum führt. Mit der schizoiden, der zwanghaften und der paranoiden Persönlichkeit sollte ein Dialogisches Management möglich sein, wobei sich in den Extremausprägungen der Persönlichkeiten große Schwierigkeiten ergeben können. Dem Schizoiden dürfte die Beschäftigung mit der Idee des Dialogs dann leichter fallen, wenn die Distanz gewahrt wird, und auf Kennenlernspiele im Kreis verzichtet wird. Außerdem ist für ihn wichtig, von Anfang an zu wissen, wo der Erfolg in solch einem Vorgehen liegen kann.

Für die paranoiden Persönlichkeiten könnte ein dialogisches Miteinander sehr heilsam sein, aber ihre Natur wird jeden Zugang dahin zunächst boykottieren, weil sie auch diesem Konzept nicht vertrauen werden. Gerade die Regelfreiheit des Dialoges muss sie aufgrund ihrer Natur davon abschrecken. Hier sollte der Dialog,

© Springer Fachmedien Wiesbaden 2016
S. Kleinhenz, *Die dunkle Seite der Macht: eine Typologie von Führung*, essentials,
DOI 10.1007/978-3-658-12319-2_5

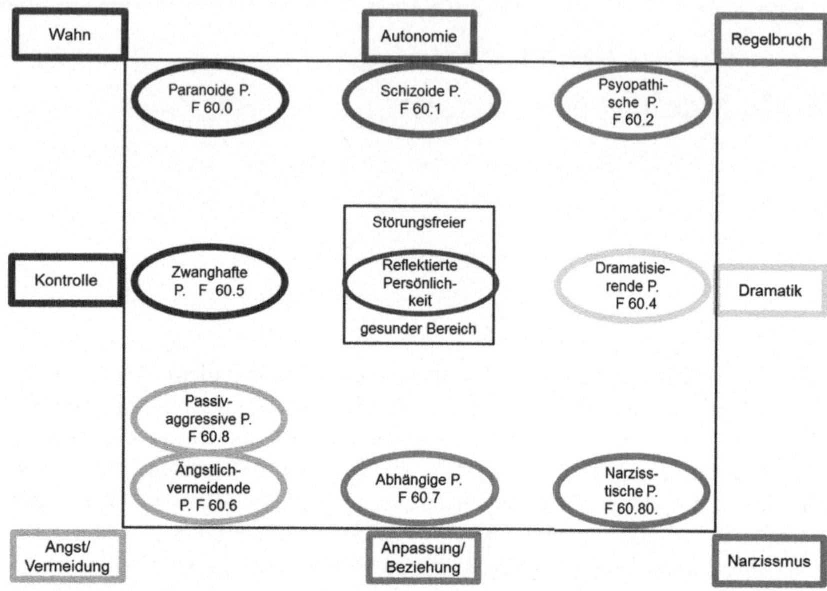

Abb. 5.1 Eigendarstellung Persönlichkeiten nach Riemann (1999) und Dilling (2014)

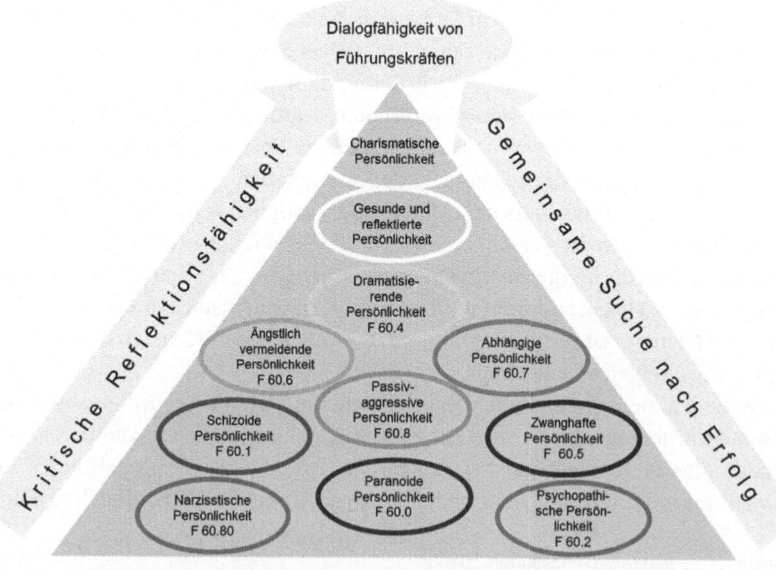

Abb. 5.2 Eigendarstellung Persönlichkeiten und Dialogfähigkeit

genau wie für den Zwanghaften in einem engeren Raum und mit klaren Regeln stattfinden. Für alle drei Persönlichkeiten bietet der Dialog eine therapeutische Form, sich der Welt auf neuem Wege zu nähern.

Für die ängstlich-vermeidende, abhängige und depressive Persönlichkeit ist der Dialog eine große Chance, sich in einer Gruppe zu äußern. Diese Persönlichkeiten benötigen diesen sanktionsfreien und beschützten Raum einer Dialoggruppe, in der sie ermutigt und ermuntert werden, sich zu äußern. Ihr Problem ist weder das gemeinschaftliche Vorgehen noch die Reflexionsfähigkeit. Sie haben Angst, sich zu äußern, wenn dabei die Gefahr des Sympathieverlusts auf dem Spiel steht. Hier beginnen ihre Gefahren. Sie werden den Dialog eventuell dazu benutzen, sich Freunde zu machen oder sie laufen Gefahr, von den anderen manipuliert zu werden.

Für die dramatisierende Persönlichkeit ist der Dialog eine angenehme Abwechslung zum Arbeitsalltag. Diese Persönlichkeit ist Neuem aufgeschlossen, liebt es, sich darzustellen und wird sich auch in einen Dialog einbringen. Hier ist es dann Aufgabe der Dialoggruppe oder eines Leiters, ihren Redefluss einzudämmen und dafür zu sorgen, dass die weniger extrovertierten Persönlichkeiten auch zu Wort kommen. Am einfachsten ist der Dialog für die gesunde und völlig ausgewogene Persönlichkeit und natürlich für die im sozialen Sinne charismatische Persönlichkeit. Aber diese, absolut in sich ruhende, empathische und ausgeglichene Persönlichkeit ist sehr selten, da die meisten Menschen in die eine oder andere Richtung eine Präferenz haben. Dies macht Menschen interessant – den Dialog aber schwierig.

Fazit 6

Die Untersuchung zeigt zum einen, dass Dialogisches Management den Umgang zwischen Führungskraft und Mitarbeiter deutlich zu mehr Mitarbeiterzufriedenheit verbessern könnte. Es wird aber auch deutlich, dass nicht jede Führungskraft aufgrund ihrer Persönlichkeit sofort ein Meister in dialogischer Kommunikation sein wird, selbst dann nicht, wenn sie einsieht, dass eine Verhaltensänderung hier Vorteile für das Unternehmen bringen würde. Es ist also darauf zu achten, dass bei der Personalauswahl die richtigen Persönlichkeiten an die entsprechenden Stellen gesetzt werden. Ferner ist gerade bei Change-Prozessen ein besonderer Augenmerk darauf zu legen, dass zum Beispiel neue Führungskräfte aus anderen Unternehmenskulturen und anderen Persönlichkeiten hier nicht zu viel Schaden in der Mitarbeiterschaft anrichten.

Praktische Umsetzungsbeispiele und Modelle für Assessmentcenter und andere Organisationsentwicklungstools sind in dem essential „Mehr Mitarbeiterzufriedenheit durch Dialogisches Management. Organisations- und Personalentwicklung für Führungskräfte" ausführlich beschrieben.

© Springer Fachmedien Wiesbaden 2016

S. Kleinhenz, *Die dunkle Seite der Macht: eine Typologie von Führung*, essentials, DOI 10.1007/978-3-658-12319-2_6

Was Sie diesem Essential entnehmen konnten

- Die Bedeutung von Dialogischem Management für die Mitarbeiterzufriedenheit
- Eine Beschreibung der wichtigsten Persönlichkeiten und ihrer Fähigkeit
  für ein Dialogisches Management
- Tipps zum Umgang mit extremen Chefs, wie z. B. den narzisstischen, psychopathischen, paranoiden, schizoiden, depressiven und zwanghaften Führungskräften
- Wissen über die Nutzung der Stärken der diversen Persönlichkeiten in unter-
  schiedlichen Situationen

© Springer Fachmedien Wiesbaden 2016
S. Kleinhenz, *Die dunkle Seite der Macht: eine Typologie von Führung,* essentials,
DOI 10.1007/978-3-658-12319-2

Literatur

Babiak P, Hare RD (2006) Snakes in suits. Regan Books/Harper-Collins, New York

Bass BM (1985) Leadership and performance beyond expectations. Free Press, New York

Bliesermann de Guevara B, Reiber T (Hrsg) (2011a) Charisma und Herrschaft. Führung und Verführung in der Politik. Campus, Frankfurt

Bliesermann de Guevara B, Reiber T (2011b) Von Visionären und weißen Männern. Charisma bei Willy Brandt und Helmut Schmidt. In: Bliesermann de Guevara B, Reiber T (Hrsg) Charisma und Herrschaft. Führung und Verführung in der Politik. Campus, Frankfurt, S 102–133

Bohm D (2011) Der Dialog. Das offene Gespräch am Ende der Diskussionen, 6. Aufl. J.G. Cotta'sche Buchhandlung, Stuttgart

Brosi P, Spörrle M (2012) Die dunkle Seite der Führung. In: Grote S. (Hrsg) Die Zukunft der Führung. Springer, Berlin, S 269–285

Dammann G (2007) Narzissten, Egomanen, Psychopathen in der Führungsetage. Haupt, Bern

Diamond D (2006) Narzissmus als klinisches und gesellschaftliches Phänomen. In: Kernberg OF, Hartman H (Hrsg) Narzissmus Grundlagen-Störungsbilder-Therapie. Schattauer, Stuttgart, S 171–204

Dilling H, Mombour W, Schmidt MH (2014) Internationale Klassifikation psychischer Störungen. ICD-10 Kapitel V(F). Klinisch-diagnostische Leitlinien, 9. Auflage unter Berücksichtigung der Änderungen entsprechend ICD-10-GM 2014. Verlag Hans Huber, Bern

Dutton K (2013) Psychopathen. Was man von Heiligen, Anwälten und Serienmördern lernen kann, 5. Aufl. Deutscher Taschenbuch Verlag, München

Erdheim M (30. Juli 2006) Macht macht bitter. Interview mit Mario Erdheim. Frankfurter Allgemeine Sonntagszeitung, Nr. 30, S 27

Gräser P (2013) Führen lernen. Der Weg zur Führungskompetenz und zur persönlichen Karriere-Strategie. Springer, Wiesbaden

Grant M, Hazel J (2004) Lexikon der antiken Mythen und Gestalten, 18. Aufl. Deutscher Taschenbuchverlag, München

Grote S (Hrsg) (2012) Die Zukunft der Führung. Springer, Berlin

Kets de Vries M (1990) Chef-Typen. Betriebswirtschaftlicher Verlag Dr. Th. Gabler, Wiesbaden

© Springer Fachmedien Wiesbaden 2016

S. Kleinhenz, *Die dunkle Seite der Macht: eine Typologie von Führung,* essentials,

DOI 10.1007/978-3-658-12319-2

Kets de Vries M (2002) Das Geheimnis erfolgreicher Manager. Führen mit Charisma und emotionaler Intelligenz. Financial Times Prentice Hall, München

Kets de Vries M (2004) Führer, Narren, Hochstapler, 2., aktualisierte Auflage. J.G. Cotta'sche Buchhandlung, Stuttgart

Klaußner S (2011) Abusive Supervision. Eine systemtheoretische Analyse prekärer Führungsbeziehungen in Organisationen. Verlag Dr. Kovac, Hamburg

Kleinhenz S (2015) Dialogisches Management als Ansatz zur Mitarbeiterzufriedenheit. Ein persönlichkeitspräferenzorietierter Ansatz im Umgang zwischen Führungskraft und Mitarbeiter. Nationalbibliothek. https.//portal.dnb.de/opac.htm?method=simpleSearch&cqlMode=true&query=idn%3D1074484401. Zugegriffen: Juli 2015

Kramer R (2003) The harder they fail. Harvard Bus Rev 81(10):58–66

Lasch C (1979; dt. 1995) Das Zeitalter des Narzissmus. Hoffmann und Campe, Hamburg

Leane S (2009) Sag's wie Obama. Ausstrahlung, Rhetorik und Visionen des neuen US-Präsidenten. Linde, Wien

Paschen M, Dihsmaier E (2011) Psychologie der Menschenführung. Wie Sie Führungsstärke und Autorität entwickeln. Springer, Berlin

Petersen J (2003) Dialogisches Management. Peter Lang Europäischer Verlag der Wissenschaften, Frankfurt a. M.

Platon (2010) Der Staat, 6. Aufl. Deutscher Taschenbuchverlag, München

Poller H (2010) Die Philosophen und ihre Kerngedanken, 5. Aufl. Olzog, München

Prost W (2008) Führen mit Autorität und Charisma. Als Chef souverän verhandeln. Gabler Fachverlag, Wiesbaden

Pundt A, Nerdinger F (2012) Transformationale Führung – Führung für den Wandel. In: Grote S (Hrsg) Die Zukunft der Führung. Springer, Berlin, S 27–45

Riemann F (1999) Die Grundformen der Angst. Eine tiefenpsychologische Studie, 31. Aufl. Ernst Reinhardt, München

Rogers C (1981) Der neue Mensch. Ernst Klett – J.G. Cotta'sche Buchhandlung, Stuttgart

Rosenstiel L von (2003) Führung von Mitarbeitern. Handbuch für erfolgreiches Personalmanagement, 5., überarbeitete Auflage. Schäffer-Poeschel Stuttgart

Schirrmacher F (2013) Ego. Das Spiel des Lebens. Blessing, München

Shakespeare W (2000) Sämtliche Werke in vier Bänden. Komödien, Poetische Werke, Historien, Tragödien. Aufbau, Berlin

Steyrer J, Schiffinger M, Lang R (2007) Ideal- und Realbild von Führung. Z Manage (4):402–434

Twenge J, Konrath S, Foster J, Campbell WK, Bushman BJ (2008) Egos inflating over time. A cross-temporal-meta-analysis of the Narcissistic Personality Inventory. J Personal 76(4):919–927

Weber M (2001) Gesammelte Werke. Berlin. Directmedia (Digitale Bibliothek, Bd 58) [CD-ROM]

Lesen Sie hier weiter

Susanne Kleinhenz

**Dialogisches Management
zur Steigerung der
Mitarbeiterzufriedenheit**
Personal- und Organisationsentwicklung für Führungskräfte

2015, 50 S., 15 Abb., 5 Tab.
Softcover € 9,99
ISBN 978-3-658-11842-6

Änderungen vorbehalten.
Erhältlich im Buchhandel oder beim Verlag.

Einfach portofrei bestellen:
leserservice@springer.com
tel +49 (0)6221 345-4301
springer.com